CAMPO 1972

LA
BONNE AVENTURE

PAR

EUGÈNE SUE.

2

PARIS.
MICHEL LÉVY FRÈRES, LIBRAIRES-ÉDITEURS
RUE VIVIENNE, 2 bis
—
1851

LA
BONNE AVENTURE.

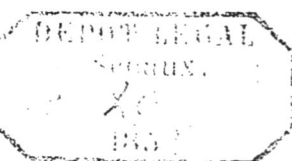

En vente chez les mêmes Éditeurs.

SOUS PRESSE :

LE
CHATEAU DES DÉSERTES,
PAR
GEORGE SAND.

2 volumes in-8°. — Prix : 12 francs.

LES
GAITÉS CHAMPÊTRES,
PAR
JULES JANIN.

2 volumes in-8°. — Prix : 12 francs.

EN VENTE :

RAOUL DESLOGES,
PAR
ALPHONSE KARR.

2 volumes in-8°. — Prix : 12 francs.

SACS ET PARCHEMINS,
PAR
JULES SANDEAU.

2 volumes in-8°. — Prix : 12 francs.

Paris.—Typ. de Mme Ve Dondey-Dupré, rue Saint-Louis, 46, au Marais.

LA
BONNE AVENTURE

PAR

EUGÈNE SUE.

2

PARIS

MICHEL LEVY FRERES, LIBRAIRES-ÉDITEURS

RUE VIVIENNE, 2 bis.

1851

I

I

M. de Morsenne, d'accord en cela avec son fidèle et inventif Loiseau, n'avait consenti à accompagner sa fille et madame de Robersac à l'Opéra, qu'à la condition de porter lui-même un domino, prétextant de nouveau la gravité de son âge et de sa position. Comme il était d'une taille moyenne, encore juvénile et fort mince, son ample et long domino lui donnait plutôt l'apparence d'une grande femme que d'un homme. En cas de séparation forcée, amenée par un mouvement de la foule, le prince avait placé un ruban rouge et blanc à la pélerine de son camail, afin d'être reconnu et rejoint par sa fille et par madame de Robersac, qui portaient le même signe de ralliement, la baronne étant d'ailleurs bien décidée à ne pas quitter le bras de M. de Morsenne de toute la nuit.

Lorsque ces trois dominos entrèrent sous le péristyle de l'Opéra, une certaine agitation régnait dans la foule qui se presse ordinairement à la descente des voitures sur le passage des masques. L'on entendait ces paroles dans les groupes :

— On dit qu'elle est morte.

— Qui?

— Cette femme en domino noir qui vient de tomber en convulsion.

— Ah! mon Dieu! où est-elle donc?

— On l'a transportée dans le bureau du commissaire de police.

— Moi, j'ai entendu dire qu'elle n'était pas morte, mais qu'elle allait *passer*.

— Mais on aurait dû aller chercher un médecin!

— C'est ce qu'on a fait; on est allé chercher tout de suite le médecin du théâtre.

—N'est-ce pas le fameux docteur *Bonaquet?*

— Lui-même.

— Oh! alors, s'il y a de la ressource, elle est sauvée, car avec le docteur Bonaquet, la maladie n'ose pas plaisanter.

M. de Morsenne et les deux femmes qu'il accompagnait s'étant un moment arrêtés par curiosité avaient entendu ces paroles.

— Il est véritablement étrange, — dit M. de Morsenne avec une indignation courroucée, — que le nom de ce médecin, la honte de ma famille, vienne me poursuivre jusqu'ici.

— Ç'a du moins un avantage, — reprit la duchesse de Beaupertuis d'un ton sardonique : — si à mon tour je me trouve mal, je serai soignée et traitée en parente par notre *cousin* BONAQUET.

Pendant que madame de Beaupertuis parlait ainsi, M. de Morsenne avait soudain, à l'insu de madame de Robersac, échangé un signe avec un grand domino noir, qui donnait le bras à un domino de taille moyenne ; tous deux venaient de descendre d'un fiacre qui avait suivi la voiture du prince. Celui-ci, ainsi que les deux femmes, arriva bientôt en haut de l'escalier qui conduit au couloir des premières loges ; là, madame de Beaupertuis dit tout bas à madame de Robersac :

— Ma chère madame, je vous laisse, je vais essayer de m'amuser un peu. En tout cas, nous nous retrouverons dans une heure, en face de l'horloge du foyer.

Et la jeune femme, suivant le flot des promeneurs, se perdit bientôt dans la foule.

Madame de Beaupertuis était venue au bal de l'Opéra sans autre but que d'y chercher quelque distraction à son ennui. Elle vit passer à côté d'elle, ou assis sur le fameux coffre placé près de la porte d'entrée du foyer, un grand nombre d'hommes de sa société habituelle et intime; elle ne se sentit pas la moindre envie de les *intriguer*, n'ayant que des banalités à leur dire ou à attendre d'eux. Elle descendit les quelques marches qui conduisent au vaste plancher sur lequel les gens déguisés et masqués se livraient alors aux danses les plus excentriques et souvent les plus risquées.

Voyant au balcon une stalle vide, madame de Beaupertuis s'y assit. Elle contempla d'abord ce spectacle étrange avec un mélange de curiosité, de mépris et de dégoût. Puis bientôt, malgré elle, une nuance d'envie se joignit à ces sentiments, quoique sa dignité se révoltât d'envier les *espèces* qui se livraient à ces grossières saturnales. Mais ces pierrots et ces pierrettes, ces débardeurs et ces débardeuses, ces gardes-françaises et ces Manon-Lescaut, tous ces déguisés enfin s'amusaient si franchement, avec tant de verve, tant d'abandon, et parfois même tant de grâce ; il y avait sous ces costumes bizarres, éclatants, variés, qui faisaient presque toujours valoir la beauté des femmes ; il y avait, disons-nous, de si charmantes filles, de si beaux garçons ; il y avait une telle exubérance de sève, de plaisir, d'amour, de jeunesse, dans cette éblouissante bacchanale, où chacun avait sa chacune au bras, que Diane de Beaupertuis se disait avec amertume :

— C'est vulgaire, c'est brutal, c'est ignoble, tout ce monde-là ! et pourtant rien ne doit être plus heureux, par exemple, que ce pierrot et cette pierrette ; la petite a seize ans à peine, son amant dix-huit ans au plus. Ils sont très-jolis tous deux, et sans doute libres comme les oiseaux du bon Dieu. Pourvu qu'ils aient quelque argent en poche pour faire, après cette folle nuit, un joyeux souper en buvant dans le même verre, ils rentreront amoureusement dans leur nid perché au cinquième étage. Ça n'a rien à en envier aux plus heureux du monde.

En suivant machinalement des yeux le pierrot et la pierrette, qui, la contredanse terminée, se dirigeaient vers une des portes du couloir, madame de Beaupertuis les quitta brusquement du regard, et resta saisie d'étonnement à la vue d'un jeune homme qui se tenait debout, à l'embrasure de la porte du balcon, très proche de la stalle où la jeune duchesse était assise.

— Je n'ai vu, de ma vie, beauté plus surprenante chez un homme, — se dit Diane de Beaupertuis en contemplant cet inconnu.

— Quelle figure à la fois noble et charmante! Quels yeux, quel regard, quel sourire spirituel et fin! Que de grâce, de distinction, d'élégance dans sa taille, son maintien et son attitude! Que de bon goût dans sa mise! Et cette main, et ce pied! Il doit avoir vingt-cinq ans au plus. Evidemment, c'est un homme de notre monde : on ne trouve pas ailleurs cette *race* et cette tournure.

Comment ne l'ai-je pas jusqu'ici rencontré dans l'un des dix ou douze salons où se rencontre notre fine fleur d'aristocratie? Il était sans doute depuis longtemps en voyage. C'est peut-être un étranger, un Russe? Il y a des Russes qui parfois *jouent* le Français à s'y méprendre. Et encore non :

l'on ne s'y méprend pas. Autre singularité, cet inconnu a des yeux bleus et des cheveux noirs. Je n'ai jamais rencontré d'yeux comme ceux-là ; et ce teint pâle et brun, uni comme celui d'une femme, ces petites moustaches soyeuses au-dessus de ces lèvres d'un coloris si vermeil! Vraiment, il est charmant, mais charmant! de ma vie, je n'ai rien vu de si séduisant. Je comprends maintenant que les hommes s'enflamment grossièrement, à la seule vue d'une jolie femme; et par ma foi, si j'avais l'honneur d'être une de ces gentilles et effrontées pierrettes qui fretillaient là tout à l'heure, j'irais demander à souper à ce ravissant inconnu. Vraiment, j'aime à le regarder ; cela m'enorgueillit pour notre monde, ordinairement si pauvre en types accomplis. Ce-

lui-là du moins représente dignement
l'homme de haute race. Ah! mon Dieu! j'y
pense, s'il était bête! Il est, hélas! des phy-
sionomies si trompeuses! Mais non, non,
ce sourire fin et légèrement moqueur, qui
tout à l'heure effleurait ses lèvres, lorsqu'il
regardait je ne sais pas quoi, dans la salle!
Oui, mais combien de fois n'ai-je pas vu
cette délicieuse comtesse de Marcy écouter
ses adorateurs avec une petite mine si futée,
si éveillée, qu'on l'eût dite spirituelle comme un démon, et cependant elle ne répondait jamais que des stupidités révoltantes.
Ma foi, je veux en avoir le cœur net : voilà
mon amusement au bal de l'Opéra tout trouvé; je saurai s'il est possible qu'un homme
soit assez merveilleusement doué pour être
aussi spirituel qu'il est charmant. Mais d'a-

bord tâchons de savoir quel est cet inconnu;
cela pourra rendre notre entretien moins
banal.

Ce pensant, Diane de Beaupertuis se leva,
et, usant du privilége du masque, elle passa
très-près de l'inconnu, puis le fixant pendant quelques instants sans qu'il parût s'en
apercevoir, et le trouvant encore plus charmant de près que de loin, elle sortit par la
porte, à l'embrasure de laquelle l'inconnu
s'appuyait nonchalamment. A ce moment,
madame de Beaupertuis avisa un homme
de sa société qui passait dans le corridor.

— Monsieur de Gernande, — lui dit-elle
en l'arrêtant, — un mot, je vous prie.

— Plutôt deux qu'un, charmant domino ; vous me connaissez donc ?

— Qui ne vous connaît pas ! vous êtes partout.

— C'est vrai, charmant domino, mais...

— Voulez-vous être très aimable ?

— Certainement, pour vous plaire.

— Eh bien, — ajouta madame de Beaupertuis en baissant la voix de crainte d'être entendue de l'inconnu, dont elle n'était éloignée que de quelques pas, — vous voyez ce grand jeune homme mince, en habit bleu, qui nous tourne le dos, là, debout, à cette porte ?

— Oui, je le vois.

— J'ai gagé que c'était un homme de notre monde, absent de Paris sans doute depuis longtemps; et...

—. Pardon si je vous interromps, charmant domino, mais vous venez de dire : *De notre monde.* Nous sommes donc de la même société ?

— Probablement, puisque je vous ai rencontré hier chez madame l'ambassadrice de Sardaigne, et ensuite chez madame de Bressac, où il y avait un concert. J'ajouterai même que vous vous êtes très visiblement, trop visiblement occupé de madame d'Esterval.

— Trop visiblement ?... Et pourquoi, charmant domino ?

— Je vous le dirai plus tard, et dans votre intérêt, si vous m'aidez à gagner mon pari.

— Quel pari, charmant domino ?

— J'ai gagé, je vous le répète, que ce grand jeune homme en habit bleu est de notre monde ; vous qui connaissez tout Paris, renseignez-moi à ce sujet, ou par vous-même, ou par vos amis qui sont ici.

— Mais, charmant domino, pourquoi avez-vous gagé que ce monsieur...

— Ah ! vous êtes trop curieux, monsieur de Gernande, ou plutôt vous n'êtes pas assez curieux, car je pourrais, en retour du renseignement que je vous demande, vous dire de très-intéressantes choses sur madame d'Esterval... et sur l'effet des soins que vous lui rendez.

— Vous piquez ma curiosité à un point!... De grâce, dites-moi si...

— Pas un mot, avant que vous ne m'ayez appris si j'ai perdu ou non ma gageure.

— Soit, charmant domino, car si moi et Juvisy, que je viens de voir arriver, nous ne connaissons pas ce monsieur, je puis hardiment vous déclarer d'avance qu'il n'est pas du tout de notre monde...

— Je vais vous attendre là-bas, monsieur de Gernande, au fond du corridor, — répondit madame de Beaupertuis en s'éloignant, pendant que M. de Gernande se rapprochait sans affectation de l'inconnu, afin de distinguer ses traits. Puis cet examen ne l'ayant sans doute pas suffisamment instruit, il se dirigea vers le foyer.

Au bout de quelques minutes, madame de Beaupertuis voyant M. de Gernande revenir à elle, lui dit vivement :

— Eh bien ?

— Eh bien, charmant domino, vous avez perdu votre gageure.

— Comment cela ?

— Je n'ai de ma vie vu ce monsieur, ni dans le monde ni à mon club ; *Juvisy* non plus, *Saint-Marcel* non plus, d'*Orfeuil* non plus, ne l'ont pas vu au leur ; or, un Français ou un étranger qui n'est admis ni au *Club de l'Union,* ni au *Club agricole* ni au *Jockey-club,* n'est évidemment pas un homme du monde dans la plus large expression du mot. Quant aux suppositions sur ce que peut être ce monsieur...

— Qu'en pense-t-on?

— Saint-Marcel prétend que ce monsieur doit être un pédicure danois, mais Juvisy soutient que ce doit être un dentiste napolitain. Quant à moi je suppose que.... Mais, charmant domino, où allez-vous donc? Permettez... un instant écoutez-moi, vous m'aviez promis... Au diable ! — ajouta M. de Gernande. — Impossible de la rejoindre ! elle a filé comme une couleuvre à travers ce flot de foule ; je ne puis voir où elle a passé. Évi-

demment c'est une femme de la société....
Mais que peut-elle avoir à me dire de madame d'Esterval? Cela m'intrigue au dernier point; il faut que je la retrouve. Elle a un ruban rouge et blanc à sa pélerine, je la rencontrerai bien.

Et M. de Gernande se mit à la recherche de son domino.

Madame de Beaupertuis avait ainsi quitté soudainement l'homme aux renseignements parce que de loin elle venait de voir l'inconnu sortir de l'entrée du balcon où il s'était tenu jusqu'alors et traverser le corridor; craignant qu'il ne quittât l'Opéra, la jeune duchesse, poussée par une curiosité croissante, voulait du moins adresser à l'inconnu quelques paroles; désirant enfin n'être ni reconnue ni poursuivie par M. de Gernande, elle ôta de sa pélerine son ruban rouge et blanc qui pouvait la signaler. L'inconnu montait lentement l'escalier qui mène aux secondes loges lorsque madame de Beaupertuis le rejoignit après avoir, ainsi que l'avait dit M. de Gernande, traversé la salle comme une couleuvre. Alors, la jeune femme, usant du privilége du masque et de la liberté du bal de l'Opéra, gravit lestement le peu de marches qui la séparaient de l'inconnu, et passa son bras sous le sien, sans lui dire un mot. L'inconnu s'arrêta, toisa d'un regard le domino qui venait le rejoindre, et lui dit poliment:

— Je suis à vos ordres, madame.... Désirez-vous que nous montions ou que nous descendions?

— Montons... il y a là-haut moins de foule, — répondit la jeune femme.

Et elle arriva bientôt, ainsi que l'inconnu, dans le corridor des secondes loges, où se trouvaient en effet quelques rares promeneurs. Quittant alors le bras du jeune homme, madame de Beaupertuis lui dit résolument, avec son aplomb de grande dame et un mélange de hardiesse et de raillerie :

— On vous trouve très beau. Je voudrais savoir si vous êtes spirituel.

— Et qui sera mon juge, madame? — demanda l'inconnu en souriant et d'un ton de léger persifflage. — Qui décidera si j'ai de l'esprit ou non?

— Mais, monsieur... moi, je pense.

— Ah! vraiment? — répondit l'inconnu avec une affectation de surprise et de nonchalance assez impertinente dont madame de Beaupertuis fut piquée, car elle reprit :

— Vous ne me croyez sans doute pas à même de distinguer un sot d'un homme d'esprit?

— Permettez, madame,... vous changez nos rôles. Voici maintenant que c'est vous qui me demandez si je vous trouve spirituelle... ou non.

—C'est qu'en effet nos rôles sont changés, monsieur, — répondit en souriant madame de Beaupertuis. — Vous avez pris le mien... peut-être vous sied-il mieux qu'à moi.

— De quelque façon que vous me jugiez,

madame, je mériterai toujours votre indulgence ; car si vous me trouvez sot, c'est que l'éclat de ces beaux grands yeux que je vois briller à travers votre masque m'aura troublé. Si par hasard vous me trouviez de l'esprit, c'est que vous m'en aurez donné.

Peu à peu un reflux de foule envahit le couloir des secondes ; plusieurs fois madame de Beaupertuis et l'inconnu furent dérangés ou heurtés par les promeneurs.

— Si j'étais assez heureux pour que vous eussiez encore quelques instants à me sacrifier, madame, — dit l'inconnu à la jeune femme, — je vous demanderais si nous ne serions pas mieux pour causer dans l'une de ces loges qu'au milieu de ce couloir.

— Je suis tout à fait de votre avis, monsieur ; donnez-moi votre bras et cherchons une loge.

Au bout de quelques instants, la duchesse et l'inconnu étaient assis dans une loge des secondes. Le jeune homme, avec un bon goût qui n'échappa pas à madame de Beaupertuis, laissa la porte à demi ouverte, n'affectant pas ainsi de se croire, comme on dit, *en bonne fortune*.

II

II

Lorsque l'inconnu fut assis à côté de madame de Beaupertuis, il lui dit en souriant et montrant du doigt le mouchoir qu'elle tenait à la main, mouchoir à l'angle duquel on voyait brodés un M et un B (*Morsenne de Beaupertuis*), surmontés d'une couronne ducale :

— Quoiqu'il soit, je le sais, de mauvaise compagnie de deviner tout haut un incognito qui désire être gardé, je ne puis m'empêcher de vous dire, *madame la duchesse*, que voici une rencontre bien inespérée pour un petit bourgeois comme moi.

— Vous, monsieur ! — ne put s'empêcher de s'écrier madame de Beaupertuis avec une sorte de stupeur, — vous !

— Votre surprise, plus flatteuse encore que désobligeante, ne m'étonne pas du tout, madame, et voici pourquoi, — reprit gaîment l'inconnu. — Tout à l'heure, alors que j'étais debout à l'entrée du balcon, je vous ai entendu (pardonnez-moi cette indiscrétion involontaire) je vous ai entendu prétexter d'une gageure, afin de pouvoir vous informer si j'étais ce que vous appelez *un homme du monde*. Je n'ai pas cet honneur, madame la duchesse. J'imagine que mon père a dû vendre du fil et des aiguilles aux femmes de votre maison, si, comme cela est probable, vous demeurez au faubourg Saint-Germain, où est établie depuis longtemps la modeste boutique de mercerie que tenait mon père.

— Et c'est dans cette boutique, monsieur...
— dit madame de Beaupertuis, ne pouvant encore se résigner à s'avouer son erreur, — c'est dans cette boutique que vous avez pris certaines façons qui ont pu me tromper un instant?

— Pas précisément, madame. Au sortir du collége, je suis entré comme secrétaire particulier chez M. le comte de Morval, alors et encore aujourd'hui ambassadeur de

France en Angleterre ; je suis resté là plusieurs années, madame, et l'habitude d'une excellente compagnie m'a donné ce léger vernis du monde auquel vous avez été trompée.

— Mais, mon cher monsieur, — dit madame de Beaupertuis en reprenant son assurance et son ironie hautaine, — vous êtes tout comme moi, peut-être, dupe des apparences : il ne suffit pas plus d'une couronne brodée sur un mouchoir pour être duchesse, qu'il ne suffit de quelques dehors pour être un homme du monde, ainsi que vous l'avez fort judicieusement remarqué. Qui vous dit que je ne porte pas là un des mouchoirs de ma maîtresse ? Pourquoi donc ne serais-je pas une de ces femmes de chambre qui se fournissent de fil et d'aiguilles chez monsieur votre père ?

— Vous êtes une grande dame, aussi vrai que je suis un petit bourgeois.

— Ainsi, mon pauvre monsieur, vous tenez absolument à vous croire en bonne fortune réglée avec une duchesse, éprise de vos mérites, probablement ?

— Mon Dieu! madame, je n'ai pas le moins du monde cette ambition-là, — répondit l'inconnu avec un accent de très sincère et presque de dédaigneuse indifférence ; — vous m'avez fait l'honneur de prendre mon bras, sous le prétexte de savoir si j'étais un sot ou un homme d'esprit; vous devez, madame, grâce à votre sagacité, savoir à peu près maintenant à quoi vous en tenir; si l'épreuve vous semble suffisante, je suis à vos ordres pour vous offrir la main et sortir de cette loge.

Cette réponse très polie, mais un peu hautaine, augmenta le dépit de madame de Beaupertuis, déjà contrariée de sa lourde méprise, d'être reconnue pour une femme de sa qualité ; puis enfin sa fierté se révoltait de se trouver en tête-à-tête avec le fils d'un mercier, secrétaire à gages de M. de Morval, qu'elle avait vu cent fois chez sa mère. Aussi la jeune femme reprit-elle assez insolemment :

— Savez-vous, mon cher monsieur, qu'il y a des vanités de toutes sortes ?

— De beaucoup de sortes, madame.

— Et savez-vous que l'une des plus insupportables de ces vanités, est la vanité de roture ? Ainsi vous vous empressez de me déclarer que vous êtes un petit bourgeois ; révélation on ne peut plus intéressante, c'est vrai ; mais pourquoi commencer tout de suite ce bel aveu ? C'est désolant, mon pauvre monsieur : voilà qui n'est plus piquant du tout, à cette heure que nous savons qui nous sommes, moi duchesse, puisque vous paraissez y tenir, vous fils d'un mercier ; qu'est-ce que vous voulez que nous disions, maintenant ?

— Ma foi, madame, à défaut de mieux, moquons-nous des petits bourgeois ridicules, je vous aiderai.

— C'est d'une abnégation vraiment héroïque.

— Pas du tout, madame, c'est de la vengeance !

— Et contre qui ?

— Contre vous, madame. Vous m'avez, n'est-ce pas, pris pour un des vôtres ? Or, plus nous parviendrons à me rendre ridicule, plus votre méprise aura été amusante, et mieux je serai vengé. Voyons, madame, évertuons-nous à m'*abîmer ;* je peux pour cela mettre une foule de moyens à votre disposition. Voulez-vous des faits ? voulez-vous des idées ?

— Des idées ridicules ! qui sont les vôtres.

— Tellement ridicules, tellement miennes, madame, qu'il n'y a qu'un homme de peu ou de rien, qui les puisse avoir. Tenez, désirez-vous bien rire? désirez-vous bien vous moquer de moi?

— Vrai, mon pauvre monsieur, vous vous exécutez de si bonne grâce, que je craindrais d'abuser de votre obligeance.

— Ah! madame, moi qui m'estimerais si heureux de vous divertir quelques instants! Voyons, voulez-vous que je vous dise ce que je pense, par exemple, de l'inégalité des rangs et des richesses, ou bien ce que je pense de l'amour?

— Soit. Eh bien! que pensez-vous de l'inégalité des rangs et des richesses, mon cher monsieur ? La naissance, préjugé ; la richesse ! hasard ou injustice, sinon pis, n'est-ce pas ?

— Il est, madame, cinq dons souverains, qu'aucun trésor, qu'aucune puissance humaine ne saurait acheter, dons inestimables pour qui les réunit tous et sait en user.

— Et ces dons, monsieur ?

— D'abord, la *santé*.

— Et puis ?

— La *beauté*.

— Et puis ?

— La *jeunesse*.

— Et puis ?

— L'*esprit*.

— Et puis ?

— La *naissance*.

— Vraiment, monsieur, vous tiendriez compte de... la naissance ?

— La naissance ! ah ! madame, c'est un merveilleux talisman, quoiqu'on dise ; mais naissance, esprit, beauté, jeunesse et santé, toutes ces royautés, sans la *richesse*, traînent, comme on dit, la guenille ; l'or seul les couronne et les fait rayonner de tout leur éclat. Ainsi donc, madame, l'homme ou la femme qui réunissent rang et richesse, esprit et beauté, jeunesse et santé, sont des créatures dignes d'un impitoyable mépris, s'ils ne trouvent, soit dans la pratique de la vertu, soit dans la pratique du vice, un bonheur capable de faire mourir de rage ou d'envie tout ce qui est laid, pauvre, sot, ou... petit bourgeois... comme moi.

— Vous seriez alors sévère, monsieur, pour beaucoup de femmes d'un certain monde ?

— Oui, madame, sévère pour celles-là surtout.

— Et que leur reprochez-vous, monsieur, à ces pauvres femmes ?

— A presque toutes, leur ennui.

— Et qui vous a dit, monsieur, qu'elles s'ennuyaient ?

— Souvent leur vertu stérile et maussade, plus souvent encore le choix de leurs amants?

— Ah! il y en a qui ont des amants?

— Quelquefois cela s'est vu, madame.

— Mais alors, monsieur que pensez-vous donc de l'amour?

— Duquel, madame?

— En est-il donc de plusieurs espèces?

— De mille! mais nous nous bornerons, si vous le voulez, à ce que généralement dans votre monde on appelle l'*amour*, c'est-à-dire ce sentiment auquel cèdent deux personnes *de la société*, lorsque celui-ci, après s'être plus ou moins longtemps occupé de celle-là, en la compromettant de toutes ses forces, triomphe enfin de sa vertu comme d'autres en ont triomphé ou en triompheront un jour.

— Le tableau est peu flatteur, mais enfin, soit, monsieur. Que pensez-vous de cet amour-là?

— Pour être conséquent à son principe, cet amour-là doit chercher le plaisir dans l'inconstance.

— Et le cœur, monsieur?

— Le cœur, madame, dans ces liaisons-là, erreur!

— Un amour sans cœur?

— C'est un amour à l'abri de tous chagrins.

— Mais sans le cœur, que reste-t-il?

— Il reste, madame, ce qu'il y a de moins problématique au monde, la jouissance des sens et de l'esprit.

— Quand on en a.

— Des sens ou de l'esprit? madame.

— De l'esprit, monsieur.

— Il n'y a que les gens d'esprit dignes et capables d'aimer comme je vous le dis.

— Et en quoi la participation du cœur nuirait-elle à cette manière d'aimer?

— Eh! madame, dans ces liaisons-là, ce

que vous appelez *le cœur*, c'est la jalousie du présent, de l'avenir ou du passé, c'est le despotisme subi ou imposé, c'est le chagrin de sentir qu'on n'est plus désirée ou que l'on ne désire plus, c'est la monotonie, c'est la fidélité d'un mariage austère appliqué à une rencontre de plaisir basé sur une mutuelle perversité.

— Comment! monsieur, et les amours si longtemps durables que l'on rencontre dans le monde ?

— Il n'en existe pas.

— Allons, monsieur, vous vous moquez ; l'on a vu de ces amours durer un an, deux ans, dix ans.

— Dix ans, c'est beaucoup, mais enfin

soit; au bout de dix ans, qu'arrive-t-il? lassitude et dégoût. Pourquoi donc ne s'être pas épargné cette lassitude et ce dégoût en recourant plus tôt à une mutuelle infidélité?

— Parce que l'on s'est du moins adoré pendant dix ans.

— C'est impossible.

— Mais, monsieur...

— Mais, Madame, dites-moi que l'habitude, que la commodité, que certaines convenances réciproques, ou d'autres considérations parfois honteuses, amènent quelquefois deux amants à se tolérer aussi longtemps. J'y consens; mais l'amant a fait cent infidélités à sa maîtresse; celle-ci l'a imité souvent, et tous deux sont tombés dans ce qu'il y a de plus niais, de plus ridicule au monde : je veux parler de ces vieux ménages adultères fréquents dans votre monde, se traînant maritalement de fêtes en fêtes ; amours fanés, surannés, affectant les scrupules et les dehors de fidélité que l'on demande aux vrais mariages ; amours si effrontément affichés, si percés à jour, que toute maîtresse de maison quelque peu hospitalière n'invite jamais l'amant sans inviter *l'amante.* Les malheureux! les maladroits! renoncer ainsi à ce qu'il y a peut-être de plus piquant dans cette sorte d'amour, le mystère!

— Comment! vous vantez la discrétion, Monsieur? c'est singulier.

— Pourquoi cela, madame?

— N'est-ce pas en contradiction avec l'horrible facilité de mœurs que vous prêchez?

— Erreur, madame, je *prêche* la liberté dans les amours faciles ; mais personne plus que moi n'admire, ne vénère davantage l'amour et la fidélité dans le mariage.

— Vous, monsieur?

— Moi.

— Sérieusement?

— Très sérieusement.

— Allons, vous vous moquez.

— Non, madame, je ne me moque pas, je vénère, j'admire d'autant plus cette fidélité qu'elle me paraît difficile et méritante. Un homme et une femme mariés, restant toujours tendres et fidèles, sont aussi complets, aussi logiques que ceux qui, dans de simples liaisons de plaisir, cherchent à varier et à multiplier leurs plaisirs ; l'inconstance est le droit de ceux-ci, la constance est le devoir des autres ; mais ces derniers ont la force d'accomplir un devoir austère, de résister à mille entraînements, à mille séductions, et l'accomplissement de tout devoir est une glorieuse et vaillante chose.

L'accent de l'inconnu était devenu sérieux, pénétré. Madame de Beaupertuis ne put s'empêcher de s'écrier :

— Comment ! c'est vous, monsieur, vous qui parlez ainsi ?

— Et si je parle ainsi, madame, — reprit

l'inconnu avec abandon, — c'est que j'ai le cœur encore plein d'une douce émotion. Ce soir, chez l'un de mes amis d'enfance, j'ai été témoin d'un de ces rares et charmants exemples d'amour et de fidélité dans le mariage.

— Et où avez-vous découvert, monsieur, ces perles conjugales ?

— Ce n'est pas, madame, dans l'une de ces familles opulentes qui, pourtant, grâce à leur richesse, ont mille moyens de charmer, de parer, de poétiser une affection pareille, de la ménager, de la prolonger par les distractions mêmes d'une vie de luxe ; non, madame, l'ami dont je vous parle et sa femme vivent dans une extrême médiocrité ; leur métier (ils sont marchands) les retient continuellement près l'un de l'autre ; la femme est obligée de se livrer aux soins du ménage et à l'éducation de son enfant, pourtant elle est toujours charmante, et, chose fondamentale en ménage, toujours désirable, toujours désirée. Trop pauvrement élevés pour chercher quelque distraction dans les lettres ou dans les arts, ces deux jeunes gens vivent seuls à seuls, et trouvent bien souvent qu'ils ne sont pas encore assez seuls, car ce sont d'enragés amoureux ; aussi, je vous le dis, madame, ai-je été ému, oh ! délicieusement ému, en contemplant cet amour toujours si ardent, si naïf, si fidèle, et si sincèrement content de soi qu'il peut défier tous les bonheurs.

La voix de l'inconnu était devenue touchante et sympathique ; madame de Beaupertuis partageait presque l'émotion qu'il semblait éprouver, et se demandait comment cet homme pouvait être tantôt effrontément sceptique et railleur, tantôt accessible à des sentiments délicats et élevés.

Un incident survenu au dehors de la loge interrompit les réflexions de la jeune femme.

III

III

L'on se souvient que l'inconnu avait, par une réserve de bon goût, laissé entr'ouverte la porte de la loge où il se trouvait avec madame de Beaupertuis.

Soudain, le bruit d'une assez vive altercation, élevée dans le couloir, fit que la jeune femme et le jeune homme retournèrent machinalement la tête du côté où le bruit s'était élevé.

Au milieu d'un groupe considérable, deux masques assez vulgaires échangeaient des paroles fort vives. Madame de Beaupertuis aperçut alors, parmi les spectateurs de cette dispute, son père et madame de Robersac, reconnaissables aux rubans rouges et blancs attachés à la pélerine de leurs dominos; tout à coup la jeune femme vit le prince de Morsenne quitter prestement le bras de la baronne comme pour prendre part à la discussion, quoique madame de Robersac s'efforçât en vain de le retenir en lui disant à voix basse :

— De grâce, ne vous mêlez pas de cela.

Madame de Beaupertuis, connaissant l'excessive réserve de son père, se demandait quelle cause pouvait le faire ainsi déroger à ses habitudes et aux convenances que lui imposaient son âge et sa position, lorsqu'elle le vit revenir presque aussitôt et reprendre le bras de madame de Robersac, qui ne l'avait perdu de vue que pendant quelques secondes à peine, et disparaître avec lui parmi les groupes qui se dissipaient, car l'altercation s'était bientôt apaisée.

Soit illusion, soit conséquence de sa vue un peu basse, madame de Beaupertuis crut avoir remarqué qu'en revenant donner le bras à madame de Robersac, le prince semblait d'une taille un peu moins élevée ; mais ne s'arrêtant pas longtemps à cette pensée, elle se retourna du côté de l'inconnu. Celui-ci lui dit en souriant :

— Quelque scène de jalousie sans doute? car on dirait vraiment que le masque surexcite toutes les passions qu'il abrite.

— C'est du moins, monsieur, une surexcitation que doit ignorer toujours ce modèle des ménages bourgeois dont vous parliez tout à l'heure, — reprit madame de Beaupertuis avec ironie ; — voilà de braves gens qui ne risqueront jamais leur bonheur au bal de l'Opéra.

— Pourtant, madame, il s'en est fallu de bien peu.

—Comment cela?

— En les quittant, je leur ai dit en plaisantant : — « Je vais au bal de l'Opéra ; venez-y donc avec moi. » — Mon ami, croyant procurer un grand plaisir à sa femme, voulait absolument la conduire ici, mais elle a courageusement refusé.

— Voilà un héroïsme digne d'une matrone romaine. Et elle est gentille, cette marchande? car elle tient boutique, m'avez-vous dit.

— Oui, madame, ce qui ne l'empêche pourtant pas d'être ravissante ! C'est tout ce qu'on peut imaginer au monde de plus joli, de plus coquet, de plus piquant.

— Et... c'est sage ?

— Comme une femme amoureuse de son amant.

— Et sotte ?

— Remplie d'esprit naturel ; aucune éducation, mais le plus amusant petit babil que j'aie jamais entendu, madame.

— Et ça a du cœur ?

— Elle a veillé son enfant pendant deux mois avec un dévouement admirable.

— Mais, mon pauvre monsieur, savez-vous que c'est un phénix que cette petite marchande ? Le mari est votre ami ? Ce serait pour vous une maîtresse charmante, et vous seriez parfaitement appareillés.

Une insolente dureté vint aux lèvres de l'inconnu ; mais il se contint et reprit en souriant :

— Une petite bourgeoise... c'est, voyez-vous, madame la duchesse, encore trop bonne compagnie pour moi.

— Comment! cette bourgeoise?

— J'ai des goûts très-vulgaires, très-grossiers, encore au-dessous de ma condition; jugez un peu. Mais n'en parlons pas. Si j'étais masqué, je vous ferais peut-être ces confidences, madame ; mais sans masque, vraiment... Je n'oserais.

— Je ne m'étonne plus, monsieur, du cynisme de certains de vos jugements, dès que vous préférez par goût ce qui est bas et grossier.

— Par goût et par raison.

— Par raison ?

— Je ne sais, madame, si M. le duc, votre mari, est un fumeur.

— Quelle question !

— C'est que si M. le duc aimait à fumer, vous auriez peut-être quelques notions sur la passion du tabac, et vous comprendriez mieux ma comparaison.

— Il n'importe... Dites !

— Eh bien ! madame, à Londres, j'ai souvent vu un certain lord Salsbury, le plus grand amateur de tabac qu'il y ait, je crois, en Europe. Il dépensait pour cette manie des sommes considérables. Un jour, je le trouve fumant du tabac de *caporal* (pardon de l'ex-

pression, madame la duchesse) dans une pipe de deux sous ; je reste stupéfait. Voici la réponse pleine de sens et de philosophie que me fit lord Salsbury : « J'ai fumé ce qu'il y
« a de plus exquis à la Havane et en Tur-
« quie, des cigares couleur d'ambre, à l'é-
« piderme fin comme du satin, à la saveur
« de noisette, à la cendre blanche comme
« de l'albâtre ; j'ai fumé dans des pipes ma-
« gnifiques du tabac turc, jaune comme de
« l'or, au parfum plus délicieux que celui
« des aromates les plus enivrants. Mais, hé-
« las ! que de peines, que de soins, que de
« frais, et surtout souvent que d'horribles
« déceptions !!!... Combien de fois, après
« avoir savouré une caisse de cigares de la
« Havane ou une boîte de *latakié*, dignes des
« dieux, je tombais, ainsi que cela arrive

« toujours, sur des tabacs frelatés, fardés,
« desséchés, insipides, aigres ou amers, en
« un mot, exécrables ! Pourtant, ils avaient
« absolument la même apparence que les
« premiers, et m'avaient coûté aussi cher et
« autant de soins. Ma foi ! las d'être dupe de
« ces dehors trompeurs, de ces alternatives
« de choses exquises et de choses détesta-
« bles, qu'il faut acheter au même prix, je
« me suis bravement rabattu sur le tabac
« vulgaire. C'est rude, c'est énergique, c'est
« violent, mais sain, naturel, et d'une qua-
« lité toujours égale ; l'on en trouve enfin,
« et toujours, sans peine et sans souci, à la
« première boutique venue. Aussi, depuis
« que j'en ai goûté, je trouve cela si com-
« mode et surtout si agréable, que tout au-
« tre tabac me semblerait maintenant sans

« montant et sans verdeur. »

— Que prouve, Monsieur, cette dépravation de goût, sinon que votre lord était blasé...

— Blasé? lui! Madame?... Allons donc! Il fumait intrépidement tout le jour.

— Quoique impertinente, cette comparaison, Monsieur, est assez claire ; vous osez prétendre qu'il faut chercher d'ignobles et faciles plaisirs dans la dégradation d'autrui et de soi-même !

— Je prétends, madame, qu'il n'y a pas de milieu entre le vice et la vertu ; je prétends que ceux-là qui ont le courage de la constance et des bonnes mœurs sont dignes d'admiration et de respect, mais je prétends aussi que pour ceux qui cherchent le plaisir dans le vice, tout ce qu'autorise la loi est permis. La seule morale est le mystère.

— Le mystère ! Vraiment, monsieur, vous faites cette belle concession... aux préjugés probablement ?

— Non... au plaisir.

— Comment cela ?

— D'abord avec du secret, dans les amours d'un certain monde, si l'on est quitté, personne ne sait votre liaison ; ainsi point de blessure d'amour-propre ; puis avec du secret l'on se donne d'inépuisables sujets de rire de ce monde toujours si pénétrant, et dont on met ainsi la pénétration en défaut ; puis enfin une femme sauvegarde ainsi les apparences, et sa réputation, toujours si importante à ménager, dans l'intérêt du plaisir même, car avec de l'adresse, du mystère, de l'audace et de la présence d'esprit, caprices, fantaisies, tout est permis à une femme.

— A une femme qui ne se respecte pas, monsieur, car s'il en est qui fassent peut-être bon marché des principes, du moins la dignité de soi, sachez-le bien, les préservera toujours de dégradantes faiblesses.

L'inconnu se mit à rire d'un air sardonique.

— La dignité de soi? lorsqu'il s'agit après tout d'un amour adultère! d'un échange de dépravation! Allons! madame la duchesse, c'est une plaisanterie! Qu'une femme d'une sagesse austère ou, qui mieux est encore, d'une sagesse pleine de modestie et de charme, ait la dignité de soi, je serai le premier à y rendre hommage, mais qu'une femme qui a des amants exige d'eux des quartiers de noblesse, comme s'il s'agissait de *monter dans les carrosses du roi*, ainsi qu'on disait autrefois, c'est aussi ridicule que maladroit, c'est limiter ses choix dans un cercle d'une monotonie désolante ; c'est en exclure la variété, l'imprévu, le nouveau, car franchement, Madame, les hommes d'un même monde sont tous taillés sur le même patron ; et puis, tenez, une fois lancés dans la voie du plaisir, votre tort, à vous autres, est de ne pas savoir vous servir dans vos amours de votre *titre* comme d'un contraste piquant ! Quoi de plus fastidieux que d'être duchesse avec des ducs, marquise avec des marquis !

Ah ! vos grand'mères de la Régence savaient bien mieux que vous jouir de leur jeunesse et de leur beauté. Aujourd'hui grandes dames à Versailles ou dans leur petite maison ouverte à quelque Richelieu ; demain grisettes ou petites bourgeoises, et aimées (ce n'est pas peu dire) comme sont aimées les grisettes et les bourgeoises! Alors pour elles que de bons tours, que de folles aventures, quel trésor de gais souvenirs pour leur vieillesse ! Aussi, quelles aimables femmes c'étaient que ces vieilles marquises de la Régence ou de Louis XV ! Quel vif esprit, quelle inaltérable bonne humeur, quelle malice, combien d'anecdotes, que de joyeux souvenirs relevés par le sel du vieil esprit gaulois de Brantôme, de Rabelais ou de La Fontaine ! Mais aussi ces grandes dames-là entendaient et surtout pratiquaient mieux *la fusion et l'égalité des classes* que les philosophes bourrus de ce siècle couleur de rose et argent; vos grand'mères, madame, laissaient leur dignité avec leur couronne ducale, leurs paniers et leur corset, et après avoir été frétiller en jupon court à quelque rendez-vous, elles reprenaient leur dignité avec leur tabouret au jeu de la reine. Et franchement elles avaient raison : pourquoi s'arrêter à telle ou telle limite ? pourquoi, s'ils vous plaisent, exclure celui-ci et celui-là ? Existe-t-il donc aussi un code religieux et moral pour l'amour? Telle liaison est-elle donc permise, telle autre défendue ? Est-ce que pour ces grandes *éclectiques* du plaisir (pardon du mot) Madame, un beau garde-française était plus déshonorant qu'un petit marquis? un frais et joli jouvenceau était plus méséant que quelque prélat insolent et dissolu ?

— Eh ! monsieur, même au milieu de ce dévergondage passager, nos grand'mères conservaient toujours une préférence digne d'elles.

— Certes, madame, quelque amant qui restait ami, ou quelque ami... qui restait amant; oh! pour celui-là, ordinairement d'une discrétion éprouvée, pour celui-là jamais de secrets. Aussi, lorsqu'un ressouvenir de plaisir rapprochait de temps à autre *Clitandre* et *Cydalise* dans un gai souper, que de bons contes ! que de piquantes confidences à la lueur des bougies roses de la petite maison ! Deux jeunes compagnons de plaisir ne sont pas plus sincèrement indiscrets, plus rieurs et plus causeurs, en se versant le vin d'Aï glacé; puis après une folle journée, *Clitandre* et *Cydalise* se disaient gaîment au revoir, et couraient à de nouvelles aventures qu'ils devaient se raconter quelque autre soir.

— Mon pauvre monsieur, savez-vous une chose?

— Quoi donc, madame?

— Depuis longtemps Molière a dit et prouvé que *M. Josse était orfèvre.*

— Ainsi, vous pensez, madame, que vous croyant une grande dame, moi, pauvre diable de petit bourgeois, je vous parle ainsi dans le machiavélique dessein de vous engager à vous *encanailler?* Rassurez-vous, madame la duchesse. D'abord j'ai trop de foi dans votre bon goût; et puis, ainsi que j'ai eu l'honneur de vous le dire, je fais comme lord Salsbury, je ne fume plus que du *tabac de caporal.*

— Soit, monsieur; vous exposez ces théories étranges avec le plus parfait désintéressement, et seulement pour...

— Pour l'amour de l'art, ou, si vous le préférez, madame, pour l'amour du vice.

— Chacun a son idéal; le vôtre ne serait pas le mien; il me dégoûte et me révolte.

— Et votre idéal, madame?

— Deux amants d'un certain monde, toujours tendres, fidèles, passionnés, vivant solitaires dans quelque charmante retraite.

— A merveille, madame! je vous comprends; votre amant vous enlève dans une voiture de poste à quatre chevaux, avec un courrier en avant, pour plus de mystère, et vous allez vous confiner en Suisse ou en Italie, dans quelque villa ravissante, avec un excellent cuisinier, des gens et quelques chevaux, car, après tout, on se doit à soi-même de vivre d'une certaiue sorte. C'en est donc fait, vous et votre amant, vous voilà libres! Plus d'inquiétudes, plus de contrainte, plus d'obstacles, plus de témoins jaloux, gênants ou trop commodes; vous êtes seuls, indépendants, vous allez tous deux, les bras enlacés, voir la lune se lever sur la montagne, ou le soleil se coucher derrière les grands bois; d'autres fois, ce sont des promenades nocturnes sur le lac; alors, silencieux et ravis, pressés l'un contre l'autre, pendant que le batelier dort sur ses rames, vous rêvez délicieusement à votre amour en regardant les étoiles. Oui, ah! oui, ce sont là d'ineffables bonheurs, capables d'être même parfois goûtés par deux amants d'un certain monde, — ajouta l'inconnu d'une voix émue, attendrie, dont l'accent plein de charme frappa de nouveau madame de Beaupertuis. — Oui, ce sont là, je le sais, des jouissances célestes! Mais combien durent ces jouissances? mais où trouver deux âmes assez pures, assez fortes, assez religieusement aimantes pour se tenir durant des mois, des années, toute une vie, à une telle hauteur de poésie et d'extase? Non! non! de telles âmes n'existent pas, madame, surtout quand elles ont été trempées, ou plutôt détrempées dans un certain monde ! Aussi voulez-vous que je vous dise ce qui arrive toujours ? — reprit l'inconnu en redevenant moqueur. — Ces amants, s'ils n'ont pas l'heureuse idée de prendre la poste chacun de son côté, lorsqu'ils ont vécu quinze jours, un mois au plus de cette vie extatique, afin d'en emporter du moins le souvenir dans tout son parfum ; ces amants solitaires bientôt s'ennuient à la mort, malgré la lune, le soleil, la montagne, le lac et les grands bois. Chacun, par sot amour-propre, craignant de faire à l'autre cet aveu décevant, les caractères s'aigrissent, s'irritent, récriminent, et le temps de la dispute paraît encore le moins long. L'amant, poussé à bout, courtise votre femme de chambre, si elle est jolie, ou quelque gentille paysanne. Enfin, un beau jour, l'on se sépare ennemis jurés, et la femme choisit alors des amours moins poétiques et moins solitaires. Voyons, madame, vous êtes du monde, vous le connaissez à merveille ; avouez que sur cent *Une chaumière et son cœur*, cela se passe ainsi.

— Soit, monsieur, mais il est heureusement des exceptions.

— Oui, qui confirment la règle.

— Eh ! monsieur, nous parlons d'idéal ! Faut-il chercher dans la règle commune ? Or, je vous dis, moi, qu'à ma connaissance il existe deux amants qui, depuis plus de vingt ans, vivent toujours heureux et solitaires dans leur retraite.

— Ainsi, madame, ils ont vieilli ensemble, les infortunés!

— Infortunés! pourquoi?

— Grand Dieu! madame! vieillir ensemble! et dans la solitude encore! voir se creuser la première ride! voir poindre le premier cheveu blanc! assister chaque jour, seuls à seuls, face à face, au lent envahissement de l'âge! à la triste décomposition de ce qui a été jeune, frais et charmant! se dire avec effroi, presque avec remords: Voilà pourtant ce que j'ai adoré! Ah! madame! il faut presque se haïr pour s'exposer mutuellement à cette cruelle et incessante comparaison du présent au passé! Non, non, chaque âge a ses plaisirs, chaque saison a sa fleur. L'amour, de quelque façon qu'on aime, est la fleur de la jeunesse ; en sa saison, elle brille d'un éclat enchanteur, elle donne les parfums les plus enivrants ; mais, sa saison passée, si vous voulez la conserver, vous la conserverez comme l'on conserve une fleur dans les herbiers : vous verrez bientôt son coloris s'effacer, sa senteur s'évaporer, et de cette fleur autrefois ravissante, il ne restera que des pétales si flétries, des feuilles si desséchées, qu'il faudrait recourir à l'*étiquette* pour reconnaître que cette chose jaunie, fanée, ratatinée, s'appelait jadis l'amour ! Non, non, vous tous qui n'avez pas la force des grands devoirs, la force de vivre dans l'austère pratique de la vertu, soyez magnifiques et prodigues, dépensez et semez partout et pour tous, sur votre route, ces trésors de jeunesse ; l'âge vient si tôt ! Chaque jour, chaque heure perdue, sont irréparables ! Allez, madame, croyez-moi ; que votre vie stérile pour le bien ne soit pas du moins stérile pour le plaisir ; imitez vos grand'mères de la Régence, déposez souvent votre manteau de cour, et, moins dignement vêtue, suivez l'inconstance à l'aile légère, le caprice au vol fantasque, alors vous serez ravie, charmée de ce que vous rencontrerez de nouveau, d'imprévu, de piquant, de varié, dans ces pays qu'une fausse dignité vous empêchait de parcourir !

— Mon Dieu, monsieur, j'admire combien les gens d'esprit (car après tout, je peux bien maintenant convenir que vous en avez quelque peu), j'admire, dis-je, combien les gens d'esprit se laissent souvent entraîner à se contredire eux-mêmes par la manie de soutenir des paradoxes !

— Quels paradoxes, quelle contradiction, madame ?

— Vous venez de me dire, n'est-ce pas, qu'à votre sens, rien n'est plus triste, plus cruel pour deux personnes qui se sont longtemps et fidèlement aimées (et c'est à peine si vous admettez qu'il puisse exister de ces personnes-là), de se voir vieillir ensemble?

— Je les admets comme exception, et les trouve en effet très-malheureux de se voir mutuellement vieillir.

— Et tout à l'heure vous n'aviez pas assez de louanges, assez d'éloges hyperboliques pour me vanter le bonheur de votre ami d'enfance et de sa femme ! Et cependant ces époux tourtereaux sont, d'après toute probabilité, destinés à devenir (pardon du terme) de vieux tourtereaux ?

— Je vous ai parlé d'eux, madame, comme de personnes fidèles à leurs devoirs et à leur amour; et nous parlons de gens cherchant le plaisir dans des liaisons coupables; la comparaison n'est pas possible, car...

L'inconnu ne put achever, car soudain une voix joyeuse et sonore, retentissant à la porte entr'ouverte de la loge, fit entendre ces mots :

— *Ohé ! Anatole... ohé !*

IV

IV

L'inconnu, ou plutôt *Anatole Ducormier*, en s'entendant brusquement appeler d'une façon si vulgaire et si bruyante, se retourna vivement, ainsi que madame de Beaupertuis : tous deux aperçurent alors à l'entrée de leur loge un grand diable de *postillon de Longjumeau* et un ravissant petit *débardeur*. Ces masques avaient la figure tellement chargée de fard et de mouches, leurs perruques à longue queue poudrées changeaient tellement leurs traits, que d'abord Anatole Ducormier, ne reconnaissant pas ses interpellateurs, les regarda silencieux et surpris, tandis que madame de Beaupertuis lui disait tout bas en se levant :

— Je viendrai ici samedi... je serai à minuit à la porte de cette loge avec un ruban orange à mon domino.

Et la jeune femme quitta la loge au moment où Anatole Ducormier, reconnaissant enfin le débardeur et le postillon, s'écriait :

— Comment, Joseph, c'est toi ?

— Allons donc ! A la fin ! — répondit le joyeux mercier, — j'espère que je t'ai fièrement intrigué, hein ?

— Et moi, monsieur Anatole, — ajouta Maria en avançant sa charmante petite mine, me reconnaissez-vous aussi?

— Oui, madame... mais en vérité... j'étais si loin de m'attendre à vous rencontrer tous deux ici cette nuit....

— Ce n'est pas ma faute, allez, monsieur Anatole, — reprit madame Fauveau; pour plus d'une raison, je ne voulais absolument pas venir ici. Mais il m'a bien fallu céder à Joseph; il était comme un acharné. « Viens-
« nous-en donc au bal de l'Opéra! — me
« disait-il; — tu n'as jamais vu cela, ça t'a-
« musera; et moi aussi; je m'en fais une
« joie; nous irons surprendre Anatole et
« nous l'intriguerons. Viens donc, petite
« Maria; si ce n'est pas pour toi, que ce

« soit pour moi, je t'en prie. » — Vous pensez bien, monsieur Anatole, qu'en me parlant ainsi, ce mauvais sujet de Joseph était bien sûr d'en venir à ses fins.... et nous voilà.

— Nous sommes allés chez notre voisine, madame Sublet, qui loue des costumes, — reprit Fauveau. — Justement elle avait un joli déguisement de débardeur qu'on lui avait commandé et qu'on ne lui avait pas pris. Or, je te demande un peu si l'on ne dirait pas qu'il a été fait exprès pour Maria. Vois donc comme il lui va bien ! regarde-la donc ! n'est-elle pas ainsi gentille à croquer.... à dévorer ?

— Tais-toi donc, Joseph ; tu es bête, aussi, — répondit la jeune femme en jetant à son mari un regard de reproche.

Rien en effet n'était plus ravissant à voir que Maria sous son costume de velours vert tendre, rehaussé de petits boutons d'argent, et qui dessinait sa taille de nymphe. Serrée aux hanches par une ceinture de soie orange à longs bouts flottants, tandis que le pantalon, s'élargissant seulement à partir du genou, laissait voir le plus joli pied du monde chaussé de bas de soie roses à coins verts et de petits souliers vernis à larges boucles d'argent. Le fard, les mouches et la poudre donnaient aux grands yeux noirs et veloutés de Maria un éclat extraordinaire, et sa physionomie déjà si piquante, si éveillée, prenait ainsi une expression de crânerie et de gentillesse des plus provocantes.

Anatole Ducormier avait embrassé ce séduisant ensemble d'un coup d'œil rapide et furtif, de crainte d'augmenter le naïf embarras de la jeune femme. Aussi, au lieu de répondre par quelque compliment à la question de Joseph Fauveau, qui lui demandait s'il ne trouvait pas Maria charmante, Anatole Ducormier dit gaîment à son ami :

— Mais, sais-tu, Joseph, que tu as aussi, toi, un costume qui te sied à merveille.

— N'est-ce pas, monsieur Anatole ? — reprit madame Fauveau, enchantée d'échapper par cette diversion au galant examen provoqué par son mari ; — n'est-ce pas que Joseph est joliment bien avec sa veste bleue, sa culotte blanche et ses grandes bottes ?

— S'il y avait beaucoup de ces postillons-là aux diligences, cela pourrait bien augmenter le nombre des voyageuses, — répondit gaiement Ducormier.

— Ah! c'est bien vrai, ce que vous dites là, monsieur Anatole, — répondit Maria en riant comme une folle, — il serait capable de les verser, pour se donner le plaisir de les relever, le mauvais sujet qu'il est!

— Si je les versais, petite Maria, — reprit amoureusement Joseph, — c'est que ne pensant qu'à toi, je ne ferais pas attention à mon chemin.

— Monsieur Anatole! — reprit la jeune femme ravie de cette galanterie, — empêchez Joseph de me dire des choses aussi gentilles, sinon je m'en vais lui sauter au cou devant tout le monde... tant pis !

— Que voulez-vous, madame ! si Joseph vous dit de si gentilles choses, ce n'est pas sa faute, c'est la vôtre.

— Ah ! bon ! monsieur Anatole, voilà que vous m'abandonnez ! Si vous vous mettez contre moi avec lui, je ne suis pas de force.

Puis, s'interrompant et étouffant à grand'peine son envie de rire, la jeune femme reprit à demi-voix en s'adressant à son mari :

— Dis donc, Joseph, le voilà encore qui rôde autour de nous.

— Qui donc, Maria ?

— Tu sais bien, ce domino...

— Quel domino? — demanda Anatole Ducormier à madame Fauveau, qui répondit en riant et en affectant un air de mystère.

— C'est pour sûr une femme qui suit ce scélérat de Joseph. Elle ne le quitte pas des yeux. Parole d'honneur! elle me fait de la peine. On t'en donnera des postillons de Longjumeau, va; prends-y garde, ça te ferait loucher! — Et Maria de rire aux éclats et d'ajouter : — Ils étaient deux dominos, un grand et celui-là. Nous les avons rencontrés dans l'escalier; ils descendaient comme nous arrivions. Alors, le plus petit, la femme, a fait un mouvement, frappée sans doute de la bonne mine de ce garnement de Joseph, et elle le suit. Est-elle effrontée, hein! monsieur Anatole?

— Moi, au contraire, je soutiens que c'est un homme qui trouve Maria gentille comme un démon, — reprit Joseph non moins gaiement, — et le malheureux, l'infortuné, la suit... Tiens, regarde-le donc, Anatole. Le voilà là-bas, appuyé sur la rampe ; il a la tête tournée de notre côté. A-t-il des yeux, ce brigand-là. On les voit à travers son masque.

Ducormier se tourna du côté que lui indiquait Joseph, et vit en effet un domino noir, petit pour un homme, mais grand pour une femme, qui remarquant sans doute qu'on l'observait, s'éloigna de quelques pas.

— Eh bien ! qu'en dites-vous, monsieur Anatole ? — reprit gaiement Maria. — N'est-ce pas que c'est une femme ?

— N'est-ce pas que c'est un homme? — dit Joseph; — et je parie que je vais lui demander qui il est, à ce farceur-là.

— Joseph! — s'écria la jeune femme toute tremblante et d'une voix alarmée. — Te faire une dispute peut-être! Ah! monsieur Anatole, retenez-le, je vous en supplie! Il est si mauvaise tête!

— Rassurez-vous, madame, Joseph ne voudra pas vous effrayer. Et d'ailleurs, — dit Anatole Ducormier, — tenez, voilà notre domino qui descend.

En effet, ce douteux personnage dont s'occupaient alors les trois amis venait de s'éloigner brusquement en voyant venir à lui deux dominos portant un ruban rouge et blanc pour marque distinctive.

Le plus petit des deux (une femme, à n'en pas douter) semblait parler avec beaucoup d'animation ; ses gestes étaient prompts et vifs; tandis que son *partner* semblait rester muet et absolument impassible. Sans doute cette impassibilité exaspérait le domino féminin, car ces deux personnages passèrent à peu de distance des trois amis ; ils entendirent la femme dire vivement :

— Pas un mot! pas une réponse! Mais c'est inconcevable ! Mais pourquoi ce silence Est-ce une gageure?

Puis les deux dominos continuèrent leur promenade, et les trois amis n'en purent entendre davantage.

Joseph Fauveau reprit en riant :

— En voilà un du moins qui ne risquera pas de dire de bêtises!

— Et moi, — reprit Maria, — je veux t'empêcher d'en faire peut-être.

— Que veux-tu dire, Maria? — reprit Fauveau.

— Tiens, mon bon Joseph, — reprit la jeune femme, sérieusement cette fois, — malgré moi, ta menace d'aller parler à ce domino m'inquiète. Et puis, d'ailleurs, tu dois être content, nous avons vu le coup d'œil du bal de l'Opéra, nous avons rencontré M. Anatole; il est tard, il faut être à la boutique demain matin de bonne heure. Allons-nous-en.

— Comment! déjà, ma petite Maria? — reprit Joseph, — Tu ne veux pas qu'Anatole te fasse au moins danser une contredanse?

— M. Anatole m'excusera, et nous allons partir, mon bon Joseph.

— Je suis sûr, petite Maria, que c'est à cause de moi que tu veux t'en aller ; tu te figures que le bal ne m'amuse pas.

— Et moi, je suis sûre, bon Joseph, que c'est à cause de moi que tu veux rester : tu te figures que le bal m'amuse.

— Et moi, je crois, — reprit Ducormier, — que vous avez tous les deux raison.

— Le fait est, — reprit Fauveau, — que lorsqu'on a vu ça pendant une heure, ça finit par être toujours la même chose.

— Alors, vite, vite, Joseph, descendons;

allons prendre nos manteaux au vestiaire et partons. Venez-vous avec nous jusqu'en bas, monsieur Anatole? Vous vous en allez aussi peut-être ?

— Ah ! bien oui, — reprit gaiement Joseph.—Est-ce qu'il ne faut pas qu'il rattrape ce joli domino qui s'est sauvé lorsque nous avons crié à la porte de la loge : « Ohé ! Anatole, ohé ! » Hum ! c'est du grand genre, ce domino, Maria. Il avait à la main un mouchoir garni de valenciennes qui vaut au moins sept à huit cents francs, prix marchand. Je m'y connais ; j'en ai vendu aussi. Ça vaut la peine qu'on le rattrape, un domino qui vous a des mouchoirs de huit cents francs ; quelque grande dame, c'est sûr. Scélérat d'Anatole, va !

— Ah! mon Dieu, c'est vrai, — dit naïvement Maria ; — voilà que j'y pense seulement à cette heure. M. Anatole, nous vous avons dérangé mais dam c'est la faute à Joseph ; nous vous avons reconnu d'en bas ; alors il m'a dit : Nous cherchions Anatole, le voilà là-haut dans une loge; allons l'intriguer; il ne me reconnaîtra pas tout de suite ; je lui crierai : Ohé! Anatole, ohé! tu verras comme ce sera drôle! Alors nous sommes venus, et ce beau domino s'est sauvé.

— Vous ne m'avez pas du tout dérangé, — reprit en souriant Anatole ; — j'avais dit à ce domino tout ce que j'avais à lui dire, et la preuve, c'est que je vais vous imiter et quitter comme vous l'Opéra.

— En ce cas, donne le bras à Maria, —

dit Fauveau à son ami, — et en avant, marche !

— Y penses-tu, Joseph? — répondit la jeune femme en se cramponnant au bras de son postillon de Longjumeau ;— M. Anatole est en bourgeois et je suis déguisée ; ça ferait rire de nous voir ensemble. Si M. Anatole avait au moins un faux nez, je ne dis pas.

— Et puis, madame,—répondit gaiement Ducormier, — je ferais trop de jaloux.

— Alors, c'est moi qui vais en faire des jalouses et des ravages parmi les pierrettes et autres ! — reprit Maria en enlaçant plus étroitement encore son bras à celui de son mari.

Puis les trois amis quittèrent le couloir des secondes loges pour descendre l'escalier qui conduit au pérystile de l'Opéra.

V

V

La foule des promeneurs était si considérable dans le couloir des premières loges, sur lequel s'ouvre le foyer, qu'Anatole Ducormier, Maria et son mari, durent marcher très lentement et stationner pendant quelques minutes au milieu des groupes.

A ce moment, deux dominos à demi cachés dans l'embrasure d'une des entrées de la galerie échangeaient à voix basse les mots suivants :

— Loiseau... la voilà !... Elle s'en va...

— Que faire à cela, monsieur? Son imbécille de mari ne l'a pas quittée d'une seconde; impossible de l'approcher.

— Depuis que je l'ai vue sous ce damné costume, je suis mille fois plus amoureux encore. Mais vois donc quelle taille ! quelle tournure !... Et cette jambe, et ce pied !... Et cette petite mine si friponne, si coquine !... Et ces yeux... oh ! ces yeux ! c'est à ressusciter un mort !

— Monsieur, prenez garde ! Je vois là-bas madame la baronne avec ma grande nièce, votre *Sosie*... La méprise a été parfaite. Sa taille élevée, un bout de ruban rouge et blanc à son domino, un pantalon noir, des souliers vernis et quelques gouttes d'essence de bouquet dont vous vous servez, monsieur, ont complété l'illusion; mais à chaque instant je tremble que tout se découvre, et qu'à la fin, impatientée de votre inexplicable silence, madame la baronne.

— Ne crains rien; j'ai adroitement amené ce silence... car du moment où nous avons mis le pied ici, j'ai commencé à ne plus répondre à madame de Robersac que par monosyllabes, d'un ton sec et fâché. Je ne lui disais plus mot depuis dix minutes, lorsque, grâce au mouvement causé par cette dispute, j'ai pu... — Mais s'interrompant, M. de Morsenne, qui en parlant à son digne serviteur n'avait pas quitté des yeux madame Fauveau, s'écria ;—Je ne la vois plus ! elle a disparu !..

— Alors, monsieur... tâchons maintenant de vous substituer à ma nièce, nous retrouverons ailleurs madame Fauveau ; c'est déjà bien heureux que le hasard nous l'ait fait rencontrer ici, au moment où nous allions bonnement chez elle, l'y croyant seule. Somme toute, j'ai maintenant meilleur espoir de cette farouche vertu qui se déguise en débardeuse et vient frétiller au bal de l'Opéra.

— Ah ! Loiseau, j'en deviendrai fou ! Cette petite mine, ce costume, cette tournure si agaçante, ne me sortent pas de la tête. Pourquoi, diable ! ai-je vu cette créature !

— Encore une fois, monsieur, songez à reprendre le bras de madame la baronne, et apprêtez-vous à remettre, dès qu'il sera temps, votre ruban rouge et blanc à votre pèlerine.

— Mais comment allons-nous faire?

— Cette substitution sera, je l'espère, plus facile que la première, si heureusement accomplie grâce à la rencontre d'une dispute. Ma nièce est prévenue, venez, monsieur, et saisissez bien votre moment.

M. de Morsenne, à demi caché par son confident auquel il donnait le bras, se rapprocha de madame de Robersac et de son silencieux promeneur, qu'ils laissèrent passer devant eux. Aussitôt après, M. Loiseau s'écria très haut et très brusquement en contrefaisant sa voix :

— Grand Dieu ! Ah ! mon Dieu !

Surprise, effrayée de ce cri soudain qui se faisait entendre immédiatement derrière elle, madame de Robersac fit un soubresaut, jeta elle-même un cri et se retourna vivement, ainsi que d'autres personnes, pour connaître la cause de ces exclamations. Le *Sosie* de M. de Morsenne avait adroitement profité du soubresaut et de l'inattention de madame de Robersac pour quitter son bras et s'effacer aussitôt derrière le prince ; aussi, lorsque la baronne, encore toute émue, chercha machinalement le bras de la personne qui l'avait jusqu'alors accompagnée, la substitution était accomplie.

Quant aux exclamations bruyantes du rusé Frontin, qui bientôt s'éclipsa, elles avaient été regardées par les assistants comme une de ces joyeusetés de mauvais goût assez fréquentes dans ces jours de liesse.

— Remettez-vous, Olympe, — dit à demi-voix M. de Morsenne à madame de Robersac; — vous voilà toute tremblante; il ne s'agit, après tout, que d'une sotte plaisanterie.

— Il n'en fallait pas moins sans doute pour vous rendre la parole et vous amener à rompre ce silence obstiné, inconcevable, que vous gardez depuis une demi-heure, par je ne sais quelle bizarrerie, — reprit madame de Robersac avec dépit.

— C'est qu'en vérité, Olympe, je suis cruellement blessé de la persistance de vos soupçons jaloux, et j'aimais mieux me taire que de me laisser aller malgré moi peut-être à vous dire des choses pénibles. Vous devez du reste être complètement rassurée, j'imagine, et reconnaître combien votre défiance était peu fondée. Voyons, chère Olympe, faisons la paix. Et après tout, je ne me plaindrai pas, car j'ai eu le bonheur d'être auprès de vous pendant toute cette soirée.

— Peut-être n'a-t-il pas dépendu de vous qu'il en fût autrement, — reprit madame de Robersac; — d'ailleurs, le silence que vous gardiez, par contrariété sans doute...

— Silence, de grâce! voilà ma fille, — dit

M. de Morsenne, en interrompant madame de Robersac à la vue de madame de Beaupertuis, qu'il reconnut au ruban rouge et blanc qu'elle portait aussi en signe de ralliement, et qu'elle avait rattaché après son entretien avec Anatole Ducormier.

— Eh bien! ma chère, — dit le prince à la jeune femme, — ne trouvez-vous pas qu'il est temps de partir! Si c'est votre avis, ce serait celui de madame.

— Alors, partons, car j'ai un mal de tête affreux, — répondit la duchesse de Beaupertuis en prenant le bras de madame de Robersac.

Tous trois descendirent ainsi le grand escalier et arrivèrent bientôt sous le péristyle.

Ils attendirent leur voiture parmi beaucoup de personnes qui faisaient comme eux ou venaient reprendre leurs manteaux, le vestiaire étant tout proche.

Là le prince de Morsenne, accompagné de sa fille et de madame de Robersac, retrouva madame Fauveau, auprès de qui se tenait Anatole Ducormier, pendant que Joseph demandait au vestiaire son manteau et la pelisse de sa femme.

A quelques pas de là, un groupe assez nombreux, rassemblé à la porte du bureau du commissaire de police, s'entretenait encore de l'accident survenu à une femme en domino, transportée mourante, assurait-on, dans cet endroit, une heure auparavant.

Tels étaient les propos qui circulaient dans ce groupe.

— Eh bien, cette pauvre dame?

— On dit que lorsque le médecin du théâtre est arrivé, il l'a trouvée morte.

— C'est impossible, puisque le médecin vient de quitter le bureau du commissaire, disant qu'il courait chez un pharmacien pour préparer lui-même une potion et qu'il allait revenir.

— Alors, c'est évident, cette femme n'est pas morte!

— Parbleu! elle est si peu morte que quelqu'un assure l'avoir vue sortir il n'y a qu'un instant et monter l'escalier.

— C'est un peu fort! Un des contrôleurs que voilà a dit, il y a un instant, qu'au départ du médecin, elle était encore sans connaissance !

Anatole Ducormier et Maria Fauveau se trouvaient assez rapprochés de ce groupe pour avoir entendu ces différents propos, auxquels ils prêtaient une certaine attention.

— Mon Dieu, monsieur Anatole, — dit Maria, — qu'est-il donc arrivé? Qu'est-ce donc que cette pauvre femme ?

— Je l'ignore comme vous, madame ; mais si vous le désirez, nous pourrons en savoir davantage en questionnant un des contrôleurs.

Et Anatole Ducormier, s'approchant du contrôle, ainsi que Maria, dit à l'un des employés :

— Auriez-vous la bonté, monsieur, de me dire de quel accident l'on parle ?

— Il s'agit, monsieur, d'une pauvre dame en domino qui est tombée, il y a deux heures, dans une espèce d'attaque de nerfs, d'autres disent d'épilepsie ; alors on a couru éveiller le docteur *Bonaquet*, médecin du théâtre.

— Tiens ! — dit Maria, — c'est l'ami de Joseph et le vôtre, monsieur Anatole.

— Est-ce que M. Bonaquet va bientôt revenir ? — demanda vivement Ducormier au contrôleur. — Il y a quelques années que je ne l'ai vu, je serais bien heureux de cette occasion de lui serrer la main plus tôt que je ne l'espérais...

— M. le docteur ne peut, je crois, tarder beaucoup à revenir, car il est allé, dit-on, chez un pharmacien du voisinage.

Joseph Fauveau, arrivant alors du vestiaire avec son manteau et la pelisse de sa femme, lui dit :

— Ce n'est pas sans peine que j'ai eu nos affaires ; il y a une queue... à n'en pas finir. Voilà toujours ta pelisse, ma petite Maria.... Attends, laisse-moi te la mettre avant de sortir, car il fait un froid de tous les diables.

Pendant que M. Fauveau s'occupait ainsi

de sa femme, l'enveloppant chaudement dans sa pelisse, dont il rabattait le capuchon sur le joli visage de Maria, afin de la préserver, disait-il, des *coup d'air*, ce à quoi Maria répondait qu'on l'étouffait, un singulier et triste incident attira l'attention des trois amis.

Une jeune fille enveloppée d'un manteau, portant un chapeau de velours noir au voile à demi abaissé, qui cachait à demi ses traits pâles et alarmés, entra précipitamment du dehors sous le péristyle de l'Opéra, puis après avoir consulté quelqu'un de la foule, alla droit au contrôle et dit à l'employé d'une voix altérée, presque haletante :

— Monsieur, je viens de chez M. le docteur Bonaquet; l'on m'a assuré qu'il était ici. Où puis-je le trouver? dites-le-moi, je vous en supplie! ajouta-t-elle en joignant ses mains tremblantes. — Il s'agit du salut de ma mère qui me donne les plus grandes inquiétudes.

Les paroles, l'émotion de la jeune fille, contrastaient si douloureusement avec le bruit joyeux et l'aspect animé de la foule des masques, que Maria, son mari et Anatole Ducormier, qui se trouvaient encore auprès du contrôle, furent douloureusement affectés. L'employé partageant lui-même cette pénible sensation, répondit avec regret à la jeune fille :

— Mon Dieu, madame, M. le docteur Bonaquet n'est malheureusement plus ici.

— Ah! c'est trop de malheur! — s'écriat-elle, en portant son mouchoir à ses lèvres pour étouffer ses sanglots.

— Mais, rassurez-vous, madame, — reprit l'employé, — M. le docteur sera peut-être de retour dans peu de temps, et si vous désirez l'attendre...

— L'attendre! et ma mère! — s'écria involontairement la jeune fille avec un accent déchirant. — Ah! que faire? que devenir?

— Pauvre jeune personne, — dit tout bas madame Fauveau à son mari; — ce que c'est pourtant! Pendant que les uns s'amusent, les autres pleurent toutes les larmes de leur corps.

— C'est vrai, ma petite Maria. Nous finissons mal notre soirée :

Anatole Ducormier, touché de la douleur de la jeune fille, lui dit avec une certaine hésitation :

— Je n'ai pas l'honneur d'être connu de vous, mademoiselle, mais je suis l'un des meilleurs amis du docteur Bonaquet; si vous le désirez, je vais l'attendre ici; je lui dirai vos inquiétudes, et je crois pouvoir vous promettre en son nom qu'il se rendra tout de suite à l'adresse que vous voudrez bien m'indiquer.

— Oh! merci, monsieur, merci! — dit la jeune fille avec reconnaissance. — J'accepte votre offre, car j'ai laissé ma mère dans un état bien alarmant et seule avec notre servante. Mais j'ai préféré venir moi-même chercher notre sauveur, afin d'être sûre au moins de le ramener ; ayez donc la bonté de lui dire de venir en hâte chez madame *Duval*.

— Chez madame Duval ! — dit Anatole Ducormier avec surprise, — au *Marais !*

— Oui, monsieur, — répondit la jeune fille non moins étonnée, — mais comment savez-vous...

— Ce matin même, mademoiselle, j'ai porté chez madame votre mère un paquet de livres qui m'ont été remis en Angleterre par mademoiselle Emma Levasseur.

— En effet, monsieur, nous avons reçu

tantôt les livres et votre carte. Je bénis le hasard qui me fait vous rencontrer ici ; je puis aller retrouver ma mère en emportant du moins la certitude que bientôt nous verrons M. Bonaquet, notre sauveur. Suppliez-le pour moi, monsieur, de venir sans retard, car ma pauvre mère a été saisie d'un malaise subit, et elle me donne les plus vives inquiétudes.

Au moment où Clémence Duval exprimait ainsi sa reconnaissance à Anatole Ducormier, madame de Beaupertuis, qui n'avait pas quitté des yeux le jeune homme, se rapprocha doucement et lui dit à demi-voix :

— A samedi, ne l'oubliez pas...

Anatole Ducormier en cet instant se trouvait ainsi entouré des trois femmes. Derrière lui était Diane de Beaupertuis, qui venait de lui parler à l'oreille ; devant lui Clémence Duval, qui le remerciait de son offre obligeante, et à sa gauche Maria Fauveau, appuyée sur le bras de Joseph. Ce fut au moment où ces trois jeunes femmes étaient groupées de la sorte autour d'Anatole Ducormier, qu'une voix basse, stridente, paraissant sortir de derrière une colonne voisine, fit entendre ces mots qui n'arrivèrent qu'à l'oreille des trois femmes et d'Anatole :

— C'est aujourd'hui le 24 février ! Vous voilà toutes les trois... réunies encore une fois... Souvenez-vous de la devineresse de la rue Sainte-Avoie !

Les trois femmes restèrent d'abord frappées de stupeur, et sans doute, cette première impression passée, elles eussent tâché d'examiner mutuellement leurs traits, mais le valet de pied du prince de Morsenne, s'étant approché de son maître à ce moment, vint lui dire :

— Prince, la voiture est avancée.

— Venez donc, ma chère, — dit alors M. de Morsenne en prenant le bras de sa fille, qui s'était rapprochée de lui et le suivit.

Joseph Fauveau avait vu madame de Beaupertuis parler à l'oreille de Ducormier ; aussi lorsqu'elle s'éloigna, il dit en riant à Maria :

— Ce gaillard d'Anatole ! c'était une princesse, son domino à mouchoir de valenciennes ; rien que ça ! Le grand domestique vient de dire : » Prince, la voiture est avancée. »

Mais la jeune femme, devenue rêveuse, ne répondit rien.

Soudain on entendit plusieurs voix s'écrier parmi le groupe de curieux stationnant toujours à la porte du bureau du commissaire, où l'on avait transporté la femme évanouie :

— Ah ! voici M. le docteur Bonaquet !

Clémnce Duval courut au devant du médecin et lui dit :

— Ah ! Monsieur, ma mère est au plus mal ! venez, venez !

— C'est donc une rechute, ma pauvre enfant? — répondit le docteur.

— Oui, Monsieur. Ce soir, une indisposition subite... Oh! venez, venez!

— Dans quelques instants je suis à vous, — répondit le médecin, — car j'ai là aussi un malade.

— Non, monsieur le docteur, votre malade n'est plus là, — dit un employé du théâtre en sortant alors du bureau du commissaire; — cette dame est revenue tout-à-fait à elle pendant votre absence. Il faut qu'elle soit sortie par l'autre porte.

— Si elle est sortie, je n'ai plus à m'inquiéter d'elle. Alors, mon enfant, courons chez votre mère, — dit le médecin en offrant son bras à Clémence Duval ; mais apercevant Ducormier qui s'avançait vers lui accompagné de Joseph Fauveau et de sa femme, le docteur s'écria d'une voix attendrie :

— Toi... toi, ici, Anatole !... lorsque je te croyais encore à Londres ?

— Je suis arrivé avant-hier, mon bon Jérôme, — répondit Anatole en serrant avec effusion les mains du docteur entre les siennes ; puis il ajouta en désignant Fauveau du regard :

— Et Joseph... tu ne lui dis rien ?...

— Comment, c'est toi ! — reprit le médecin en examinant plus attentivement le postillon de Longjumeau ; — toi, sous ce costume! Mais qui est donc enveloppée dans cette pelisse ? ta chère et charmante femme, sans doute ?

—Oui, monsieur Bonaquet,— dit Maria; —et puisque je vous rencontre, je dois vous dire que vous nous oubliez fièrement, ce n'est pas gentil à vous.

Au lieu de répondre à ce gracieux reproche, le médecin, songeant à l'anxiété où devait se trouver Clémence Duval, lui dit en reprenant son bras :

— Pardon, mille pardons, mademoiselle, ce sont de vieux amis à moi.—Puis il ajouta en s'éloignant avec la jeune fille :— Anatole, viens me voir demain matin de bonne heure... Madame Fauveau, j'irai bientôt vous porter mes excuses et faire ma paix avec vous. Adieu, Joseph ; à bientôt.

Et le docteur disparut précipitamment avec Clémence Duval.

—Bonsoir, Anatole, au revoir, — dit Fauveau en tendant la main à son ami, qui la serra cordialement.

— Et surtout ne faites pas comme M. Bonaquet, ne nous oubliez pas trop, monsieur Anatole,—ajouta Maria.

—Non, non, madame, — répondit Ducormier,—j'irai plus d'une fois demander encore une bonne soirée de causerie à notre cher Joseph.

Et Anatole s'éloigna pendant qu'un des

commissionnaires du théâtre faisait avancer un fiacre pour Joseph et pour sa femme.

— Mais qu'as-tu donc, ma petite Maria? lui dit Fauveau avec inquiétude ; — depuis tout à l'heure tu as l'air toute triste...

— Je te dirai cela, Joseph, — répondit la jeune femme.

Le fiacre étant arrivé, le *postillon* et le *débardeur* montèrent en voiture, et regagnèrent leur modeste boutique moins allègrement qu'ils ne l'avaient quittée.

VI

VI

Le docteur Bonaquet occupait un assez grand appartement, situé au second étage, *quai de l'École.* Les deux fenêtres de son cabinet s'ouvraient sur un balcon assez proéminent, formant terrasse, le docteur, grand botaniste, aimait à la fois les fleurs en savant et en jardinier; aussi, sa terrasse, garnie de caisses, surmontée d'une vôute de treillage, lui permettait, dès le printemps, de se livrer à son goût favori. Cette saison venue, et grâce aux plantes grimpantes dont se couvrait la tonnelle aérienne du balcon, il n'apercevait plus des fenêtres de son cabinet qu'un horizon de verdure fleurie.

Mais à l'époque de ce récit, c'est-à-dire vers les derniers jours de février, les losanges du treillage vert étaient complètement dégarnis de feuilles; cependant, on voyait dans les caisses un grand nombre de ces fleurs qui bravent la froidure, telles que *cactus, perceneiges* et *héliotropes* d'hiver.

L'on n'a pas oublié que la veille, à la sortie du bal de l'Opéra, le docteur Bonaquet, surpris et heureux de rencontrer Anatole Ducormier, l'avait engagé à venir le voir le lendemain matin.

Le studieux et savant médecin s'était, selon sa coutume, levé avant le jour ; les premières et pâles lueurs d'une matinée de février le trouvèrent assis à son bureau, écrivant, lisant, annotant, à la clarté de la lampe ; un poêle de fonte chauffait cette grande pièce, meublée avec une simplicité extrême, et dont les murailles disparaissaient sous des rayons chargés de livres.

Le docteur Bonaquet, âgé d'environ trente ans, était laid, mais de cette laideur à la fois spirituelle et énergique dont les bustes de quelques philosophes de l'antiquité nous offrent souvent le type remarquable ; son large et beau front, un peu chauve, surplombait ses profonds orbites ; son nez saillant, à vives arêtes, son menton osseux, avancé, un peu long et carrément coupé, donnaient à ses traits une expression de fermeté rare, tempérée cependant par la douce placidité du regard et par la finesse du sourire plein d'esprit et de bonhomie ; en un mot, les traits du docteur Bonaquet reproduits par la peinture auraient offert un ensemble presque désagréable, tandis que le mâle et sévère ciseau du sculpteur devait leur donner, au contraire, un cachet d'originalité puissante.

Cette comparaison artistique était d'autant plus facile à faire qu'un illustre statuaire, sauvé par le docteur Bonaquet, avait sculpté en marbre le buste du médecin ; cette tête, hardiment accentuée par la main du génie, offrait à la fois une ressemblance frappante et un caractère grandiose digne de l'antiquité. L'on concevra enfin que vêtu d'un habit noir et le cou enfoncé dans une cravate, Jérôme Bonaquet offrait à l'œil un aspect disgracieux ; mais enveloppé dans une longue robe de chambre de couleur foncée, qui, drapée en larges plis, dégageait son col et l'attache de la tête, qu'il portait toujours haute et fière, Jérôme Bonaquet n'était plus reconnaissable ; à le voir vêtu de la sorte et assis devant sa table ainsi qu'il l'était ce matin-là, son menton appuyé sur sa main, son large front et son regard pensif levés vers le plafond, tandis que sa physionomie rayonnait de sérénité, tout cœur sympathique eût éprouvé pour le docteur un doux et sérieux attrait.

Une vieille servante interrompit le travail

matinal du médecin pour lui annoncer M. Ducormier.

— Anatole ? qu'il entre ! qu'il entre ! — s'écria Jérôme Bonaquet en se levant aussitôt pour courir au devant de son ami, qu'il serra dans ses bras avec effusion.

La servante sortie, Anatole et Jérôme se trouvèrent seuls.

— Combien il est bon d'embrasser un ami après une si longue absence ! — dit le médecin. — Cette nuit, à l'Opéra, je t'avais à peine vu. Mais, — ajouta le docteur en souriant après avoir un moment examiné son ami, — sais-tu que tu es à peine reconnaissable ?

— Comment cela, mon cher Jérôme ?

— Lorsque tu es parti de Paris, tu avais la tournure modeste et toute *scholastique* d'un *prix d'honneur* sortant du collège, et hier, à l'Opéra, je t'ai retrouvé d'une élégance ! un vrai *dandy*, un *lion*, comme ils disent. Tu avais, ma foi, l'air très-grand seigneur, et j'étais fier d'avoir un si bel ami, en songeant qu'il était aussi bon qu'il était beau.

— Oui, oui, mon cher Jérôme, c'est un grand bonheur de se revoir. Mais à propos de cette nuit, la mère de cette pauvre jeune fille, madame Duval, comment va-t-elle ?

— Tu la connais ?

— J'ai été chargé à Londres par une des amies de cette jeune personne de lui apporter quelques livres ; je l'ai rencontrée pour la première fois cette nuit, lorsqu'elle est venue te chercher à l'Opéra.

— Sa pauvre mère est encore dans un état très-alarmant ; sa rechute d'hier m'étonne autant qu'elle m'inquiète ; heureusement rien n'est désespéré. Ah ! mon ami, c'est un ange que cette jeune fille ! un ange ! Fasse le ciel qu'elle ne perde pas sa mère ! elle en mourrait de chagrin ! Mais n'attristons pas notre entrevue. Te voilà enfin de retour, mon cher Anatole, après plus de quatre années de séparation et un silence de huit à dix mois, trop oublieux ami !

— Oublieux ! Jérôme, oublieux ! peux-tu le croire... Quant à la cause de mon silence...

— Je la devine... et je l'excuse... Tu es secrétaire !... ton état est d'écrire des lettres, tu dois, par conséquent, avoir horreur de toute correspondance. Ainsi, je te pardonne; je ne suis pas d'ailleurs moi-même à l'abri de tout reproche, car, après t'avoir écrit deux fois sans recevoir de réponse, je t'ai cru en tournée dans quelque comté d'Angleterre avec ton ambassadeur. De mois en mois, j'attendais une lettre de toi, afin de savoir où t'adresser les miennes et renouer ainsi notre correspondance. De toutes manières, je devais t'écrire aujourd'hui ou demain, pour t'apprendre une heureuse nouvelle dont je devais aussi aller instruire tantôt notre ami Joseph et sa charmante femme.

— Une heureuse nouvelle ?

— Je suis marié...

— Toi ?

— Depuis avant-hier.

— Alors, mon ami, — dit Anatole en serrant affectueusement les deux mains du docteur, — je puis, sans savoir qui tu as épousé, te complimenter sur ton bonheur, car je connais tes idées à l'égard du mariage. Je n'ai pas besoin de te demander si c'est une inclination partagée.

— Oui, et cette inclination date de près de trois ans.

— Voyez-vous, le sournois ! Et dans tes lettres pas un mot de cet amour !

— Ce n'était pas mon secret à moi seul, mon cher Anatole.

— Tu as raison. Mais, dis-moi, est-ce une jeune fille ou une veuve ? Selon tes idées, tu devais préférer une veuve.

— C'est une veuve à peu près de mon âge. Tu la connais sans doute de nom ; elle est alliée à ton ambassadeur.

— Ta femme ! alliée à M. le comte de Morval ?

— Oui.

— Ta femme !

— Mais oui ? cela t'étonne ?

— Franchement, — reprit Anatole, — cela m'étonne.

— C'est singulier, — dit le docteur en souriant avec bonhomie, — moi, cela ne m'étonne pas du tout.

— Et le nom de ta femme?

— Son nom était madame *de Blainville*.

— La veuve du marquis de Blainville, lieutenant-général ?

— Elle-même.

— Comment, la marquise de Blainville t'a épousé ?

— Oui, ou bien je l'ai épousée ; ce qui revient absolument au même.

— La marquise de Blainville! — répéta Anatole Ducormier avec stupeur, — il serait possible!... Quel mariage pour toi? Mais c'est inouï, incroyable!

— Ah çà! mon pauvre Anatole, — reprit gaiement le médecin, — est-ce que, par hasard, l'atmosphère aristocratique de l'Angleterre aurait pénétré jusqu'à ton excellent esprit? Je ne comprends pas tes ébahissements.

— Que veux-tu, mon cher Jérôme, un pareil mariage est si peu dans les habitudes dans les mœurs du monde auquel appartenait ta femme...

— Cela vient peut-être, vois-tu, mon ami, de ce que ma femme n'avait ni les habitudes ni les mœurs du monde où elle vivait.

— Mais on la dit fort riche, — reprit Anatole; — j'ai, en effet, cent fois entendu parler d'elle chez mon ambassadeur, dont elle est parente éloignée.

— Oui, son mari était fort riche, et comme elle n'en a pas eu d'enfant...

— Elle hérite de lui! — s'écria Ducormier. — De sorte que, par ton mariage, te voilà millionnaire. Ah! c'est un beau rêve!

— Un beau rêve et rien de plus, du moins quant à la fortune, mon ami.

— Que veux-tu dire?

— Madame de Blainville avait droit, il est vrai, à l'héritage de son mari, mais ai-je besoin de te dire qu'en se mariant, la première chose que ma femme a dû faire, et pour elle et pour moi, a été de renoncer aux grands biens de M. de Blainville?

— Mais alors elle a donc par elle-même une fortune considérable?

— Une dot de quatre-vingt mille francs, je crois, car bien que d'une très-grande naissance, son patrimoine était, tu le vois, assez modeste. Mais le revenu de sa dot, joint au produit de ma clientèle, qui me rapporte huit à dix mille francs (je ne fais payer que les gens riches), nous permet de vivre convenablement.

— Comment! ta femme a consenti à ce que tu restes médecin?

Le docteur Bonaquet regardait depuis quelques moments son ami avec une surprise croissante, presque inquiète; aussi répondit-il à la dernière question de Ducormier.

— En vérité, mon pauvre ami, tu me fais des questions qui me semblent aussi singulières que tes étonnements ; je ne te reconnais plus. Avant notre séparation, ce que je viens de te confier t'eût paru, j'en suis certain, aussi simple qu'à moi. Voyons! comment peux-tu supposer qu'il soit seulement venu à la pensée de ma femme de me demander l'abandon d'une carrière que j'aime, qui m'honore et qui me fait vivre?

— Il est vrai, Jérôme, mes questions, mes étonnements, comme tu dis, doivent te surprendre ; c'est qu'aussi, vois-tu, je vis parmi des gens si excentriques, que sans partager aucun de leurs sots préjugés... oh!

loin de là, — ajouta Ducormier avec un sourire amer, — souvent, et malgré moi, j'envisage les choses au point de vue des gens dont je parle.

— C'est donc pour cela que je te trouvais l'air si grand seigneur, — reprit en souriant le docteur Bonaquet, rassuré par les paroles de son ami. — Je conçois parfaitement ce qu'amène l'habitude de vivre avec certaines personnes. Ainsi un Parisien, je suppose, jeté au milieu de Gascons, de Normands ou de Provençaux, finit par prendre leur accent. Eh bien, toi, tu as parfois l'accent aristocratique comme d'autres l'accent normand ou gascon ; mais au fond tu parles toujours la langue de ton bon et noble cœur d'autrefois, n'est-ce pas ?

— Peux-tu en douter, mon cher Jérôme ! Mais dis-moi, je vais te sembler très-impatient, je brûle de savoir...

— L'histoire de mon mariage.

— Oui.

— Oh ! mon Dieu ! rien de plus simple, de moins romanesque que cette histoire, mon cher Anatole. En deux mots, la voici : J'étais médecin du bureau de bienfaisance de mon arrondissement. Entre autres malades, je donnais alors mes soins à une famille d'artisans plongée dans une horrible misère et digne du plus touchant intérêt. Chez eux, pour la première fois, je rencontrai madame de Blainville, alors veuve depuis peu de mois.

— Et que venait-elle faire chez ces malheureux ?

— Dame de charité, elle accomplissait sa mission avec zèle et dévouement. La famille dont je te parle se composait d'une jeune fille de seize ans et de trois petits enfants, tous entassés dans un galetas, couchant sur le même grabat ; la mère et sa fille aînée étaient atteintes d'une fièvre typhoïde ; les autres enfants avaient jusqu'alors échappé à la contagion et grelotaient sur une paillasse dans un coin de la mansarde. Frappée de ce spectacle, madame de Blainville me dit que ces malheureux ne pouvaient rester dans ce taudis, et qu'elle allait s'occuper de leur faire chercher une demeure moins insalubre. En attendant qu'on eût trouvé un asile convenable pour cette famille. Madame de Blainville vint chaque jour passer quelques heures dans ce galetas, bravant la contagion et d'horribles répugnances; elle soignait ces malheureux avec un dévouement si tendre, une abnégation si valeureuse, que je ressentis pour elle autant de sympathie que d'admiration. Sa charité lui coûta cher : au bout de quelques jours, atteinte par la contagion des maux qu'elle soulageait, je la vis pâlir, tomber en faiblesse dans ce misérable réduit. Lorsqu'elle reprit ses sens, je la reconduisis chez elle; quoiqu'elle me connût depuis peu, elle désira m'avoir pour médecin. Sa maladie fut terrible; je passai de longues nuits à la veiller, souffrant tour à tour, selon les phases de sa maladie, les angoisses de l'espérance ou du désespoir. Une

mère ou une sœur ne m'auraient pas causé
plus d'alarmes. Enfin, je sauvai madame de
Blainville ; sa convalescence dura plusieurs
mois, demanda beaucoup de soins, exigea
même un voyage pendant lequel je l'accompagnai ; je vécus ainsi plusieurs mois dans
une étroite intimité avec madame de Blainville, je pus l'apprécier : noble et grand
cœur, rare et solide esprit, instruction profonde et variée, caractère ferme et élevé ;
telle je jugeai madame de Blainville, telle je
l'aimai. Du reste, peu faite pour la société
où sa naissance et son mariage l'avaient appelée à vivre, ses goûts étaient simples, son
existence très retirée, très studieuse, car
elle s'occupait d'art et de science avec une
remarquable distinction, elle cherchait
aussi de plus sérieux plaisirs dans la prati-

que d'une charité ardente et éclairée. Que te dirai-je, mon ami ? je m'habituai ainsi à voir chaque jour madame de Blainville ; elle m'indiquait les familles qui avaient besoin de moi, je lui indiquais celles qui avaient besoin d'elle. Ces relations resserrèrent notre intimité ; nous éprouvâmes l'un pour l'autre un sincère attachement ; ma profession, envisagée à son vrai point de vue, je veux parler de son côté moral et philosophique, parut à madame de Blainville une des plus nobles carrières qu'il fût donné à l'homme de parcourir ; elle ne crut pas plus déroger en me proposant d'unir son sort au mien, que je ne crus, moi, m'élever en acceptant. Nous nous sommes mariés. Ma femme a vingt-sept ans, j'en ai trente ; nous touchons à la maturité de l'âge ; nous n'avons pas cédé à un entraînement aveugle, nous avons eu foi à une affection profonde, calme, réfléchie et éprouvée, pendant trois ans, par des relations journalières ; le passé nous garantit de toute déception à venir ; nos goûts sont semblables, nos esprits ont mille points de contact et par une grande conformité de principes et par notre commun amour de l'étude ; enfin, notre position est indépendante. C'est te dire, Anatole, que notre mariage réunit toutes les chances d'un bonheur durable.

Anatole Ducormier avait attentivement écouté son ami, peut-être plus surpris encore que touché de cet amour si simple, si droit, et, comme l'avait dit le docteur Bonaquet, si peu *romanesque*.

Cette énormité : *le mariage d'un médecin et d'une marquise*, avait été amenée par des incidents tellement *bourgeois*, qu'Anatole en restait confondu. Pourtant il reprit en tendant cordialement la main à Jérôme :

— Mes pressentiments ne m'avaient pas trompés, lorsque je te félicitais de ton mariage, sans en connaître les circonstances ; ce qui m'avait d'abord tant surpris dans cette alliance ne m'étonne plus à cette heure, que je connais le caractère de ta femme ; caractère rare, je t'assure, car dans la société où elle a vécu, crois-moi, sur cent femmes, sur mille femmes, nées comme elle...

— Il n'y en a pas une capable d'épouser un médecin, n'est-ce pas ?

— Non, mon ami, — répondit Ducormier, et il ajouta avec une expression de haine contenue : — Ah! dans cette aristocratie, que de hauteur! que de morgue! que de préjugés insolents ou absurdes ! Ces gens-là en sont encore à la féodalité ! Oui, dans leur stupide distinction de races et de classes, ils sont aussi impitoyables que par le passé. Aussi, crois-moi, ton mariage leur aura paru aussi exorbitant que si nous étions encore au temps des nobles et des vilains !

— Allons, mon cher Anatole, — répondit le docteur Bonaquet en souriant avec bonhomie, — tu es trop sévère, tu es même injuste.

— Envers ces gens-là ?

— Envers ces gens-là.

— Voyons, Jérôme, — reprit Anatole en souriant, — ton indulgence ne vient-elle pas de ce que, par ton mariage, te voilà presque de cette aristocratie?

— Moi! Jérôme Bonaquet! avec les principes que tu me connais! — répliqua en riant le médecin. — C'est une plaisanterie. Mais tiens... sérieusement, cette noblesse altière qui a, dis-tu, conservé sa tradition intacte, malgré les siècles et les évènements, me semble à moi une curiosité historique et féodale dans le goût de *Chambord* ou de *Chenonceaux*.

— Comment! — s'écria Ducormier d'une voix âpre, — leur orgueil de race, leur mépris écrasant pour nous autres, gens de peu ou de rien, ne te révoltent pas?

— Ma foi, non. Qu'est-ce que cela me fait! Peu m'importe, après tout, que les tourelles du vieux manoir dominent au loin la vallée, pourvu que leur ombre n'ôte ni jour ni soleil à ma maisonnette et à mon jardinet. Va, mon ami, le temps des hauts barons est passé; il n'y a plus que deux classes d'hommes, les honnêtes gens et les fripons, les gens d'esprits et les sots. Laissons donc l'aristocratie se cantonner dans ses souvenirs, se retrancher dans l'inoffensif château-fort de ses traditions. En quoi ces gens-là nous causent-ils dommage? Sont-ils ridicules? plaignons-les d'être ridicules. Sont-ils orgueilleux? plaignons-les d'être orgueilleux.

— Mais ils nous méprisent! — dit Anatole

d'un ton d'amer ressentiment. — Voilà quatre ans que je vis parmi eux ; je les connais. A leurs yeux, sais-tu ce que nous sommes ? des êtres inférieurs, *des espèces*, comme ils disent.

— Bah ! je les défie, moi, de mépriser un homme de bien, — répondit Bonaquet avec son habituelle placidité.—Ah ! dis-moi qu'ils se moquent des *bourgeois gentilshommes*, soit, entre nous, ils n'ont pas tort ; mais au bout du compte, que peuvent-ils blesser ? notre vanité ? N'exposons jamais notre vanité à leurs dédains. Ils vivent dans leur cercle, vivons dans le nôtre ; n'allons jamais à eux, mais si, par hasard, ils viennent à nous, accueillons-les cordialement, s'ils sont gens de bien et d'esprit.

— En vérité, Jérôme, tu me confonds.

— Pourquoi?

— C'est toi qui parles ainsi?

— Certes.

— Et ton mariage?

— Eh bien! mon mariage?

— Ne viens-tu pas de dire : N'allons jamais à eux, mais s'ils viennent à nous...

— Accueillons-les cordialement, s'ils le méritent. Oui, j'ai dit cela.

— Et toi, n'es-tu pas allé à eux, en épousant une des leurs?

— Je pourrais te répondre, mon ami,

que c'est une des leurs qui est venue à moi, car la proposition de mariage m'a été faite par madame de Blainville, mais en cela elle devançait ma pensée.

— Et si le premier tu lui avais offert de l'épouser, tu n'aurais pas appelé cela, comme tu dis : *aller à eux ?*

— Mon ami, entendons-nous. Qu'ai-je aimé dans madame de Blainville? Son titre? Non! elle le perdait en m'épousant. Sa naissance, ses relations aristocratiques? Non, car ni moi ni elle ne mettrons les pieds dans la société où elle a vécu jusqu'ici. Ai-je enfin recherché ses richesses? Pas davantage, puisqu'elle a fait abandon des grands biens de son mari. Non, non, ce que j'ai aimé en elle, c'est la femme de cœur excellent, d'esprit élevé, de caractère généreux, ni plus ni moins. Maintenant, le hasard fait qu'elle appartient à l'aristocratie, je ne m'en plains ni ne m'en réjouis ; sa naissance n'a en rien motivé ma préférence... Pourquoi sa naissance deviendrait-elle un obstacle à mon choix? Madame de Blainville était libre, moi aussi ; nous nous sommes mariés, voilà tout. Eût-elle appartenu à ce que certains bourgeois appellent le *peuple*, je l'aurais encore épousée, car je ne reconnais non plus que deux classes de femmes : celles qui sont honnêtes et celles qui ne le sont pas, celles qui plaisent et celles qui ne plaisent point.

— Mais enfin, crois-tu que sa famille, que la société à laquelle elle appartient, ne seront pas outrées, indignées de son mariage avec toi?

— Il est toujours fâcheux d'outrer et d'indigner les gens — répondit Jérôme en souriant, — mais lorsque les gens s'indignent d'une conduite droite et désintéressée... que faire? Plaindre ces vieux enfants et continuer de vivre heureux et honorés.

La servante, entrant chez le médecin après avoir frappé, lui dit :

— Monsieur, madame désirerait vous parler.

— Voilà une excellente occasion de te présenter à ma femme, — dit le docteur.

Puis, s'adressant à la servante :

— Priez madame d'avoir la bonté de venir.

Peu d'instants après, madame Bonaquet entra dans le cabinet de *son mari*.

VII

VII

L'ex-marquise de Blainville, née Héloïse de Morsenne, avait vingt-sept ans environ ; ses traits, sans être régulièrement beaux, étaient doués d'un grand charme, attrayant mélange de bienveillance, de finesse et de fermeté. Une robe très simple faisait valoir sa taille gracieuse, et quoiqu'il fût encore de grand matin, madame Bonaquet était déjà coiffée avec soin et chaussée avec élégance ;

son attitude, ses moindres mouvements annonçaient cette dignité contenue, douce et tranquille, résultant de l'inébranlable sûreté de soi-même.

Madame Bonaquet tenait à la main une lettre ouverte, lorsqu'elle entra chez son mari.

— Ma chère amie, — lui dit le médecin, pendant qu'Anatole Ducormier la saluait profondément, — Je vous présente un de mes plus anciens et meilleurs amis, dont souvent je vous ai entretenu, M. Anatole Ducormier.

— En effet, monsieur, — dit la jeune femme en répondant avec affabilité au salut d'Anatole, nous avons beaucoup parlé de vous. Je sais combien est sincère et vive votre affection pour mon mari ; cela fait son éloge, et le vôtre, monsieur : aussi n'ai-je pas besoin de vous dire que nous serons très heureux de vous voir souvent ici.

Anatole s'inclina ; madame Bonaquet reprit en souriant :

— Je vais d'ailleurs et tout de suite, monsieur, vous demander la permission d'agir avec vous en ancien ami ; je viens de recevoir une lettre que, pour des raisons assez importantes, je désirais communiquer à monsieur Bonaquet.

— De grâce, madame ! — dit Anatole Ducormier en s'inclinant de nouveau, pendant qu'Héloïse, donnant à son mari la lettre en question, lui dit d'une voix douce et calme :

— Veuillez lire ceci, mon ami.

Cette lettre, écrite la veille au soir, était ainsi conçue :

« Je tiens à vous faire savoir, madame,
« que sur mon initiative la lettre de *faire-*
« *part* ci-jointe a été adressée à tous les
« membres de la maison à laquelle vous
« *aviez* l'honneur d'appartenir.

« DIANE DE MORSENNE, DUCHESSE

« DE BEAUPERTUIS. »

« M...

« *Nous avons l'honneur et le regret de vous faire*
« *part de la perte douloureuse et dégradante que*
« *notre maison vient d'éprouver, par suite du*
« *mariage de madame la marquise de Blainville*

(NÉE DE MORSENNE) *avec une personne indigne de* « *nous appartenir.* »

(*Suivent les signatures.*)

Après avoir lu cette lettre, pendant que sa femme le suivait du regard, le docteur Bonaquet sourit, et dit à Héloïse :

— Qu'est-ce donc que cette madame de Beaupertuis, ma chère amie ?

— Une de mes cousines, très jeune, très jolie et très honnête femme. Mais, vous le voyez, elle est sous l'empire d'idées assez fausses, résultant non d'un mauvais cœur, mais d'une mauvaise éducation ; elle est fille du prince de Morsenne...

— Du prince de Morsenne ! — dit involontairement Anatole.

Est-ce que vous connaissez M. de Morsenne ? — lui demanda madame Bonaquet.

— Non, madame, — répondit Ducormier ; mais M. de Morval, dont je suis secrétaire, m'a chargé de lettres pour le prince de Morsenne ; je me suis présenté hier chez lui sans pouvoir le rencontrer, mais il doit me recevoir ce matin même.

— Ma chère Héloïse, — reprit le médecin après un moment de réflexion. — vous savez mon amitié pour Anatole ; j'ai toute confiance en lui. Je viens de lui raconter les diverses et heureuses circonstances de mon mariage. Permettez-moi de lui donner connaissance de cette lettre singulière. D'abord, elle vient fort à propos, quant à une petite discussion que nous avions tout-à-l'heure,

Anatole et moi ; puis, cela sera d'autant plus piquant pour lui qu'il doit voir, ce matin même, le père de cette fière duchesse.

— Certainement, mon ami, — répondit madame Bonaquet en souriant, — vous pouvez donner cette lettre à lire à M. Ducormier. Il est, m'avez-vous dit, très-observateur : il trouvera là un curieux trait de mœurs.

Jérôme remit la lettre à Anatole ; à peine l'eut-il lue, qu'il s'écria :

— L'insolente créature ! C'est à la fois stupide et infâme !

— Mais non, mais non, — reprit Jérôme avec son habituelle sérénité. — Il y a dans cette résolution une sorte de courage joint à un instinct de dignité très-prononcé, dignité fort mal comprise, il est vrai, mais qui cependant, à un certain point de vue, ne manque pas de grandeur. Qu'en pensez-vous, Héloïse ?

— Je pense, mon ami, — répondit madame Bonaquet avec son doux et fin sourire, — je pense que cette *contre-lettre* de faire-part serait, comme exécution et comme idée, parfaite de tout point si...

Comment, madame ! — s'écria Ducormier en interrompant malgré lui la femme de son ami, — vous n'êtes pas révoltée de cette audacieuse insolence ? vous partagez l'indulgence de Jérôme ?

— Permettez, monsieur, — reprit Héloïse

en souriant, — le choix que j'ai fait étant le plus honorable du monde, le seul défaut de cette circulaire est d'être écrite à mon sujet... Sauf ce manque complet d'à propos, l'idée me semble excellente, et pourrait servir à merveille dans une occasion plus opportune.

— Pardonnez ma surprise, madame, — reprit Anatole, abasourdi de cette dignité calme et impartiale ; — un tel stoïcisme me confond : approuver l'idée de cette lettre outrageante...

— Eh ! certainement, mon cher Anatole, — reprit le docteur Bonaquet, — ma femme a raison ; car enfin, voyons, suppose un grand peintre, *Vandyck* ou *Velasquez*, ayant manqué complètement la ressemblance d'un portrait : n'en resterait-il pas du moins une toile d'un mérite supérieur, grâce au coloris et à la forme ?

— Soit ! où veux-tu en venir, Jérôme ?

— Eh bien ! admets qu'une femme, de quelque condition que ce soit, ait fait un choix indigne d'elle et des siens : une protestation pareille à celle de cette circulaire, et faite au nom de toute une famille, serait pleine de dignité.

— Encore une fois, Jérôme, tu parles de cet outrage comme s'il ne s'agissait ni de madame ni de toi.

— Mais c'est qu'en effet, monsieur, — reprit madame Bonaquet en souriant, — nous sommes complètement désintéressés dans la question. Ce n'est pas de nous, à bien dire, qu'il s'agit.

— Il faudrait néanmoins, je crois, ma chère Héloïse, puisqu'il en est ainsi, aller ensemble, l'un de ces soirs, chez ces gens-là? — reprit Jérôme Bonaquet avec son inaltérable placidité. — Nous irons une seule fois, bien entendu ; mais cela devient maintenant indispensable ; qu'en pensez-vous, Héloïse ?

— J'allais, mon ami, vous faire cette proposition, — répondit madame Bonaquet d'une voix douce et ferme. — Nous choisirons, pour cette *visite de noce*, le plus prochain jour de grande réception à l'hôtel de Morsenne, puisque M. de Morsenne est le chef de la famille.

— Quoi! madame, — reprit Anatole tombant de surprise en stupeur, — vous aurez le courage d'affronter tant d'insolence et de dédain?

Madame Bonaquet ne put s'empêcher de regarder son mari d'un air significatif, comme si elle lui eût demandé compte des étonnements de son ami, dont elle avait eu jusqu'alors une excellente opinion; puis, s'adressant à Ducormier, elle reprit un peu froidement:

— Vous devez penser, monsieur, qu'il n'entre ni dans la pensée de M. Bonaquet ni dans la mienne de faire en de telles circonstances ce qu'on appelle une bravade. Non, nous voulons seulement accomplir un devoir impérieusement dicté par le respect de soi. Mais, — ajouta d'un air affable madame Bonaquet en se levant pour sortir, — je ne veux pas gêner plus longtemps les épanchements de deux amis qui sont restés si longtemps éloignés l'un de l'autre. Au revoir, je l'espère, monsieur Ducormier.

Et la jeune femme quitta le cabinet de son mari en répondant au salut d'Anatole.

Après le départ de madame Bonaquet, Ducormier, se croisant les bras d'un air triomphant, dit au médecin en secouant la tête :

— Eh bien, Jérôme! eh bien?

— Eh bien! quoi, mon cher Anatole? que veux-tu dire?

— La voilà donc, cette aristocratie pour

laquelle, il y a un quart-d'heure, tu te montrais si indulgent, si bénévole ! *Que m'importe*, disais-tu, *que les tourelles du manoir féodal dominent la vallée, pourvu que leur ombre ne m'ôte ni jour ni soleil !*

— Où diable veux-tu en venir ?

— Où je veux en venir ! Comment ! cette dédaigneuse duchesse, par sa lettre insolente, ne te force-t-elle pas de rester sous le coup d'un outrage écrasant, ou d'aller t'exposer, toi et ta femme, aux plus humiliants dédains ! Mais, Dieu merci ! ces dédains, tu n'iras pas les braver ; tu reviendras sur cette résolution que je puis qualifier, maintenant que ta femme n'est plus là, sur cette résolution vraiment absurde, insensée, de vous rendre tous deux chez ce prince, un jour de grande réception...

— D'abord, mon ami, — reprit le docteur en interrompant Anatole, — je ne reviens jamais sur une détermination juste et sage; ma femme est comme moi, sans cela elle ne me serait pas si chère. Nous accomplirons donc ce que nous avons résolu ; en cela, les appréhensions de ton amitié égarent ton jugement ; rassure-toi, ce grand monde n'est pas si farouche ; il se compose en résumé de créatures humaines ; or, pour peu qu'on ait un cœur dans la poitrine et un cerveau dans la tête, on rend forcément hommage à une action digne et ferme.

— Jérôme, je t'en supplie, au nom de ton bonheur et de celui de ta femme, renonce à ces projets insensés. Aller braver ce monde arrogant, qui se croit solidaire de ce qu'il appelle le *honteux outrage* fait à la noblesse d'un des siens! ah! mon ami, tu ne sais pas ce que c'est que ces gens-là; tu les juges d'après ta femme; tu ignores avec quelle sanglante adresse ils manient l'ironie, et de quels traits acérés peut vous percer leur hautain persifflage. Non, non, tu ne la connais pas, mais je la connais, moi! — s'écria Anatole Ducormier, comme si un douloureux ressentiment, contenu depuis longtemps dans son cœur, faisait enfin explosion; puis il ajouta avec un accent de haine impossible à rendre : — Oh! race infernale! que d'humiliations amères! que de mépris insolents tu m'as fait dévorer pendant quatre ans! Oh! que de fiel s'est amassé dans mon cœur!

— Anatole! que dis-tu? — s'écria Jérôme aussi surpris qu'effrayé de l'expression de sinistre méchanceté qui venait soudain contracter les beaux traits d'Anatole ; — toi humilié, toi méprisé? Et ces dédains, tu les as subis?

— Pardieu! — répondit Ducormier avec un éclat de rire sardonique. — Tu ne connais pas ces gens-là, te dis-je! Avec eux jamais un acte que l'on puisse relever : ils savent si bien vivre! Jamais un mot dont on puisse s'offenser : ils sont si polis! Pourtant leur accent, leur physionomie, leur attitude, tout jusqu'à leur silence même est ironie ou dédain, lorsqu'on a le secret de ces natures insolentes, hypocrites et corrompues!

— Anatole, ton langage me confond et

m'alarme, — reprit tristement le médecin ;
— d'après tes premières lettres, je te croyais
heureux chez ton ambassadeur, puisque tu
ne l'avais pas quitté. Comment ! tu as souffert, dis-tu, tant d'humiliations, et tu es
resté là pendant quatre ans ?

— Oui, — répondit Ducormier avec un
mélange d'amertume, de honte et de rage ;
—oui, parce que cela est fatal ! oui, parce que
dès qu'on a hanté ce monde maudit, toute
autre société vous devient insupportable,
mordieu ! Il faut bien l'avouer, et ma haine
s'en augmente, l'élégance, le luxe, la grâce,
le goût exquis, la poésie de la vie enfin ne se
rencontrent que là ; ailleurs tout paraît mes-
quin, vulgaire et bourgeois. Je le sais bien,
moi ! Quelle était ma position chez ces gens-

là ? Celle d'un secrétaire à gages, une espèce de domestique, supérieur aux autres en cela que je mangeais au bas bout de la table, et que si je sortais en voiture seul avec mon *maître*, au lieu de monter derrière comme les laquais, je m'asseyais respectueusement sur les coussins de devant. Eh bien! oui, ces humiliations de tous les jours, je les dévorais pour ne pas quitter cette sphère éblouissante pour assister à ces fêtes splendides, à ces bals magnifiques, où j'errais cependant inconnu, silencieux et dédaigné, contemplant avec une envie ardente et amère tant de femmes charmantes qui n'avaient pour moi ni sourire ni regard, que je ne pouvais pas seulement inviter à danser, ainsi que le faisaient tant de sots titrés et blasonnés. Mon invitation eût passé pour une *insolence*. Il n'importe ! quelquefois, je parvenais à m'étourdir sur la bassesse de ma condition et à me croire de cette orgueilleuse aristocratie, où j'aurais tenu ma place mieux que d'autres, si le sort m'eût fait naître *Crillon*, *Montmorency* ou *Lorraine*... Mais, Jérôme, qu'as-tu à me regarder de cet air chagrin, presque sévère ?

— Anatole, — reprit le médecin d'une voix grave et douloureusement émue, — il y a quatre ans, nous nous sommes séparés, tu étais bon, candide et loyal ; je ne connaissais pas d'âme plus ouverte que la tienne à tous les sentiments élevés ; tu es parti pour Londres, heureux d'une position honorable offerte à ton mérite : durant les premiers temps de notre correspondance, tu me faisais part de tes impressions ingénues, pauvre enfant du peuple, ou peu s'en faut, jeté dans ce tourbillon du grand monde ; alors, timide et naïf, mais plein de dignité naturelle, tu accomplissais religieusement tes devoirs, et lorsque l'homme qu'à cette heure tu appelles avec tant d'amertume *ton maître*, et que tu nommais alors *ton bienfaiteur*, t'engageait, me disais-tu, à rester dans son salon, au lieu d'accepter cette offre remplie de séductions dangereuses, tu préférais passer tes soirées chez toi, dans le doux recueillement de l'étude.

— Oui, — reprit Anatole avec un sourire sardonique, — j'étais en effet très naïf, très candide... alors!

— Alors... mon pauvre Anatole, tu étais

heureux, tu ne te plaignais pas d'être méprisé... Timide et fier, tu te tenais dans les limites de ta position ; peu à peu, ta correspondance avec moi est devenue plus rare ; un grand changement s'était opéré dans ton esprit, tu me parlais avec enthousiasme de ce monde dont ton heureux instinct t'avait d'abord éloigné. A cette phrase d'enivrement a succédé chez toi une réaction contraire ; tes lettres trahissaient tantôt un découragement profond, tantôt des boutades d'une noire et amère ironie sur les hommes et sur les choses, — tantôt enfin, — et cela m'avait, je te l'avoue, rassuré, — tu faisais un tendre appel à notre ancienne amitié, à nos souvenirs de collége et d'enfance. Puis notre correspondance a cessé de ta part, depuis à peu près une année, — ajouta le docteur en soupirant. — Et je ne m'attendais pas, mon Dieu, à trouver en toi ce changement qui me navre...

— Bon Jérôme, — reprit Ducormier, sincèrement touché de la grave émotion de son ami, — juge-moi sévèrement, c'est ton droit ; mais tu crois du moins, n'est-ce pas, que mon ancienne amitié pour toi n'a jamais failli ?

— Je ne sais, — répondit le médecin en secouant la tête, — je l'espère... pour moi... et surtout pour toi...

— Jérôme... des doutes ?... Ah ! c'est injuste !

— Puisse ton cœur être demeuré le même ! puisse ta bonté native ne s'être pas altérée par cette misérable vanité... par cette envie haineuse, insensée, d'être d'un monde dont tu ne peux pas être, dont tu ne seras jamais... quoi que tu fasses... quoi qu'il arrive...

— Allons... toi aussi ! — reprit Ducormier avec impatience et amertume, — toujours ces insolentes distinctions de races... Eh ! mordieu, est-ce que je ne les vaux pas, moi, ces gens-là ?

— Si, tu les vaux. Bien peu d'entre eux réunissent comme toi tous les dons naturels, esprit, savoir, beauté, jeunesse, courage ; il ne te manque rien, sinon ce que ces gens-là appellent *la naissance*... Mais, que veux-tu? aucune puissance humaine ne fera qu'il y ait eu un *sire Ducormier* à la croisade... Mais tiens, Anatole, je suis honteux pour toi d'en venir à de pareils raisonnements. Comment ! tu ne peux pas te contenter de vivre dans un monde où chacun est classé selon son mérite ? N'est-ce donc pas aussi une belle aristocratie que celle du talent ? Figure-toi une réunion composée de ces illustres roturiers, poètes, peintres, musiciens, penseurs, savants, philosophes, hommes d'État, dont l'Europe entière, dont les deux mondes, vénèrent les noms célèbres et admirent les travaux ; figure-toi un *Montmorency*, un *Créqui*, un *Luxembourg* ou un prince de *Lorraine* quelconque, n'ayant pour soi que son nom et sa richesse, voulant lui aussi être de ce monde illustre qui n'est pas, qui ne sera jamais le sien ! Le vois-tu, s'étonnant, se révoltant de ce que ces princes de l'intelligen-

ce le toisent avec dédain en se demandant :
« Qu'est-ce que c'est que ce prince de *Lor-*
« *raine?* qu'est-ce que ça vient faire ici?
« qu'est-ce que ça a produit de célèbre?
« quelles sont ses œuvres? en quoi est-il il-
« lustre ? En rien du tout ! Mais, alors,
« qu'est-ce qu'il nous veut, ce monsieur?
« Qui est-ce qui connaît ça en Europe? Al-
« lons donc! ça n'a pas de nom et ça veut
« frayer avec nous! Il se moque du monde,
« ce monsieur de *Lorraine!* Qu'il nous laisse
« donc tranquilles et aille vivre avec ses
« pareils! » Voyons, franchement, Anatole,
ne hausserais-tu pas les épaules, si cet homme de titre et de blason s'opiniâtrait à vouloir marcher l'égal de ces hommes de génie?
Ne lui dirais-tu pas : « Tenez, croyez-moi,
« prince, au lieu d'être regardé ici comme

« un roturier assez mal venu, retournez
« briller parmi vos pairs... »

— Oui, — reprit Ducormier avec une nouvelle explosion de sardonique amertume ; — oui, et à ces belles paroles, M. le prince de Lorraine haussera les épaules de pitié, remontera dans son élégante voiture, rentrera dans le splendide hôtel de ses pères, où il trouvera la plus grande, la meilleure compagnie de France, et une foule de femmes charmantes, qu'il divertira fort, en leur racontant les incroyables figures, les grotesques tournures de ces princes du savoir, crottés jusqu'à l'échine, de ces ducs et pairs du génie en bonnets de soie noire et en lunettes vertes, curieux échantillon de cette célèbre aristocratie de l'intelligence qui sort de l'Institut avec des socques aux pieds, un parapluie sous le bras, va dîner à quarante sous le cachet, et dont les plus grands seigneurs vivent avec la splendeur et l'éclat d'un notaire retiré ou d'un épicier enrichi.

— Ce qu'il dit là, il le pense! — s'écria le médecin d'un ton de compassion douloureuse et comme en se parlant à lui-même; — quel changement, mon Dieu! quel abaissement! Quand je songe à notre fanatisme d'autrefois pour tant d'illustres renommées, à notre culte religieux pour le génie, à notre reconnaissance pour les divines jouissances que nous devions à ses œuvres immortelles!

Puis, prenant entre ses mains les deux

mains d'Anatole, Jérôme lui dit avec l'accent de la plus tendre pitié :

— Anatole... mon ami, toi que j'appelais mon frère... Oh! mon Dieu... mais pour railler si misérablement ce qu'il y a au monde de plus sublime : le génie pauvre et illustre! ta raison est donc obscurcie? Pour épancher tant de fiel, ton âme est donc profondément ulcérée? Pour être devenu si méchant, tu as donc beaucoup souffert?

— Oui! — s'écria Ducormier, les traits décomposés par la haine et la rage, — oh! oui, j'ai souffert!... Mais ces tortures n'auront pas été vaines?... Patience, patience!... le martyr, un jour, deviendra bourreau!

Il y eut dans l'accent, dans la physionomie de Ducormier, en prononçant ces sinistres paroles, une telle expression de froide férocité, que Jérôme contempla un instant son ami avec une muette épouvante.

VIII

VIII

Ducormier rompit le premier le silence, s'apercevant de l'impression remplie d'angoisse et d'alarme que ses paroles de haineux ressentiment causaient à Jérôme Bonaquet ; il lui dit presque avec un accent de remords :

— Accuse mes sentiments... mais du moins pardonne à ma sincérité.

Puis, passant la main sur son front comme pour en chasser de sombres pensées, Anatole ajouta :

— Tiens, Jérôme, oublions cet entretien ; je ne sais quelle fatalité a amené sur mes lèvres les paroles qui t'ont blessé : n'y pensons plus ; je t'aimerai malgré ton austère sagesse, tu m'aimeras malgré mes infirmités d'esprit, car ma guérison est impossible ; ne parlons donc plus de moi, mais de toi, de ta chère et vaillante femme, et pour en revenir au point de départ de notre entretien, crois-moi, Jérôme, encore une fois, n'expose ni toi ni ta digne compagne aux outrages de cette insolente aristocratie, méprise ses dédains, et mets en pratique les conseils que tu me donnes.

— Nos positions sont différentes, — répondit sévérement Jérôme, — tu jalouses, tu hais cette aristocratie ; je ne la jalouse ni ne la hais ; tu as provoqué les humiliations dont tu es ulcéré, tandis que l'outrage est venu nous chercher dans notre retraite ; ma femme et moi, nous ferons notre devoir sans haine, sans colère, mais avec dignité, fermeté. Ce n'est donc pas de nous qu'il faut s'inquiéter, c'est de toi.

— Jérôme...

— L'état de ton cœur m'épouvante.

— Allons, tu plaisantes.

— Tu ne respires que haine, que vengeance !

— Qu'importe, si je t'aime comme autrefois, mon bon Jérôme ?

— Non, tu ne peux plus m'aimer comme par le passé. L'on aime avec le cœur, et le tien, autrefois candide et bon, est aujourd'hui noyé de fiel ; quelle place y peut-il rester pour les sentiments tendres ? Anatole, prends garde ! tu es sur une pente fatale ! Croire que l'on souffre injustement, c'est presque regarder la souffrance d'autrui comme une juste représaille ; et tu as prononcé ces détestables paroles : *Un jour le martyr deviendra bourreau !*

— Je l'ai dit, — reprit Anatole, dont les beaux traits se contractèrent de nouveau, — je l'ai dit et je le répète.

— Va, tu as perdu toute notion du bien et du mal ! — s'écria Jérôme avec indignation. — L'orgueil et l'envie t'ont perdu.

— Moi ?

— Oui, car tu te révoltes contre des iniquités imaginaires ; oui, car tu t'es dégradé à ce point de subir des humiliations outrageantes plutôt que d'abandonner un monde que tu exècres, mais dont le faux éclat te séduit et donne le vertige. Encore une fois, prends garde, Anatole, prends garde ! Je te l'ai dit, à la haine succède la vengeance ! Tu es doué de toutes les séductions de la jeunesse, de l'esprit et de la beauté. Tu peux faire beaucoup de mal... et tout mal s'expie cruellement !

— Jérôme, tu es injuste, tu te trompes. J'ai si peu perdu la notion du bien et du mal, je suis encore si sensible à ce qui est honorable et généreux, que, tout à l'heure, j'ai éprouvé une jouissance délicieuse en reconnaissant combien toi et ta compagne vous étiez dignes l'un de l'autre. Hier, j'ai dîné avec Joseph et sa femme, et je ne puis te dire combien j'étais heureux de les voir si gais, si amoureux! L'aspect de leur bonheur ne m'a pas causé la moindre envie. Eh bien ! dis, celui-là qui ressent de si douces émotions à la vue de félicités qu'il doit toujours ignorer, celui-là a-t-il perdu toute notion du bien et du mal ?

— Ni le bonheur de Joseph ni le mien ne peuvent t'inspirer aucune envie ; l'on n'envie que ce qu'on désire. Ces tableaux de félicité intérieure te charment, dis-tu? Oui, comme te charmerait un tableau de Gérard Dow représentant quelque riante scène de famille; oui, tu t'attendrirais encore, je le crois, à la lecture d'une page touchante et poétique; cela te repose, cela rafraîchit un moment ton âme corrodée par tant de passions âcres et mauvaises. Et encore, le jour n'est-il pas loin, peut-être, où ta dédaigneuse ironie ne nous ménagera pas plus, Joseph et moi, qu'elle ne ménageait tout à l'heure ces gens de génie vivant dignement dans leur pauvreté fière.

— Moi... me railler de Joseph... et de toi? Moi... vous dédaigner? Ah! Jérôme, — dit Anatole, douloureusement atteint par ce reproche — un tel soupçon n'indigne pas... il blesse... ah! il blesse cruellement le cœur... Laisse-moi...

Et Ducormier se levant brusquement, alla vers la fenêtre pour cacher une larme qui vint mouiller sa paupière. Ses traits exprimaient alors un chagrin si sincère, que Jérôme, heureux et surpris de cette preuve de sensibilité, courut à son ami et s'écria radieux, en serrant avec effusion les mains d'Anatole entre les siennes et le ramenant auprès de lui :

— Je t'ai blessé... dis-tu, cruellement blessé au cœur?... Oh! tant mieux, tant mieux ! je ne l'espérais plus ! Joies du ciel ! il reste donc encore quelque fibre saine dans ton âme ulcérée! Ton retour au vrai, au bien, est donc possible! Anatole... mon ami... mon frère... du courage! Abandonne ce monde brillant et futile où tu n'as trouvé que haine et souffrance! viens habiter ici avec nous, en frère; viens retremper ton cœur à une source pure, laisse-nous te guérir... tu verras avec quels soins, avec quelle tendre sollicitude, nous fermerons les plaies de ta pauvre âme...

— Bon Jérôme, — reprit Anatole profondément attendri, — toujours... toujours le même cœur! Ah! je devrais peut-être t'écouter...

— Accepte, accepte! que peux-tu regretter? Le grand monde? Eh bien, — ajouta le docteur en souriant, — tu appelleras ma femme *madame la marquise* tant que tu voudras, cela te fera illusion ; et si tu ne trouves pas chez nous ces splendeurs qui t'enivraient, tu trouveras du moins toutes les jouissances du cœur et de l'esprit, nous emploierons au bien les dons brillants qui te distinguent. Allons, Anatole, c'est dit: tu acceptes, n'est-ce pas? Il y a dans cette maison deux jolies petites chambres à louer toutes meublées, je les arrête aujourd'hui pour toi ; tu quittes ton ambassadeur, et avant un mois je me charge de te trouver un emploi fructueux, honorable ; j'ai mon projet, je connais ta valeur.

— Tiens, Jérôme, — reprit Ducormier après quelques moments de silence, — je ne puis te dire la saine et douce impression que me causent tes paroles ; elles m'apaisent, elles me détendent, elles me font espérer... Oui, peut-être cette vie de famille... partagée avec toi, aurait pour moi un charme réparateur... il me semble que je m'y sentirais renaître... Ah ! pourquoi la fatalité m'a-t-elle fait connaître une autre existence !

— Eh ! justement pour t'en démontrer le néant, mon ami ; rude et excellente épreuve si tu veux en profiter.

— Oui... et cependant renoncer...

— Allons, frère ! tu es ému, tu hésites ; un dernier effort, tu es à nous, et le repos, le bonheur, la dignité de ta vie sont assurés.

— Oui, — reprit Anatole d'un air pensif,

et cédant à la généreuse influence du docteur, — tu dis peut-être vrai.

— Il n'y a pas de *peut-être*, Anatole, je dis vrai, je dis juste!

— Ah! Jérôme, tu dis vrai, plus vrai que tu ne le penses; je te devrai mon salut; cœur et esprit, vois-tu, tout se dégradait, se corrompait en moi. Si tu savais aussi à quelle école j'ai vécu! Employé subalterne de ces hommes d'État, grands seigneurs ou parvenus, gens sans foi, sans principes, sans mœurs; effrontés hypocrites qui prêchent les plus saintes vertus et vivent journellement dans la crapule ou la débauche; exécrables ambitieux qui, pour s'arracher ou conserver le pouvoir, boivent toutes les hontes, parjurent tous leurs serments! Je les méprisais, ces misérables ; mais encore plus méprisable et misérable qu'eux, car voulant, par vanité, me rendre nécessaire, je ne reculais devant rien, tantôt servant leur basse et jalouse ambition, tantôt instrument de leur diplomatie secrète, où la vénalité le dispute à l'ignominie, j'acceptais sans rougir ces missions corruptrices, toujours désavouées, car elles déshonorent autant celui qui achète que celui qui se vend ! L'infamie du corrupteur égale celle du corrompu !

— Toi, mon Dieu ! toi, un si honteux métier ?

— Et ce n'est pas tout ; ces dépravations de l'esprit amènent la dépravation de l'âme. Ah ! Jérôme, que ces aveux, loin de t'épouvanter, te rassurent. Je ne te dévoilerais pas ainsi le passé si je ne voulais rompre à jamais avec lui.

— Oh ! je te crois, je te crois !

— Eh bien ! oui, Jérôme, tu disais vrai. Je devenais méchant, froidement méchant. Tiens, hier, j'étais allé par désœuvrement au bal de l'Opéra. Le hasard m'a mis au bras une jeune femme, une duchesse; je ne sais comment elle m'avait remarqué, mais me trouvant les dehors d'un homme bien élevé, elle m'avoua, dans son insolence ingénue, qu'elle n'avait pas douté un instant que je fusse, ainsi qu'ils le disent, *un homme du monde*. Profondément blessé, je ne trahis aucun ressentiment, me vantant au contraire de ma roture. Je luttai d'arrogance avec cette femme arrogante. Son esprit, sa tournure élégante, et, s'il faut t'avouer cette dernière faiblesse, son haut rang, faisaient sur moi une vive impression, mais je feignis l'indifférence, presque le dédain ; puis, devinant bientôt que son orgueil de race lui tenait lieu de vertu, je tâchai, à force de paradoxes et de verve, de lui peindre la plus ignoble débauche sous des couleurs séduisantes, espérant ainsi jeter dans son âme de détestables germes que le premier caprice sensuel pouvait faire éclore.

— Mais c'était horrible ! — s'écria Jérôme, — mais c'était infâme !

— Oui, oui, bien infâme, car du moins, me disais-je, si mes paradoxes portent coup, cette hautaine créature sera tôt ou tard dégradée, avilie, perdue, et sa perte me vengera du dédain de ses pareilles ! Oui, je pensais cela... oui, je voulais cela... — reprit Anatole Ducormier avec un remords sincère ; — et maintenant que le sentiment du juste et du bon se réveille en moi sous l'influence de ta sagesse et de ton amitié, je dis comme toi, Jérôme : C'était indigne ! c'était infâme ! Puisse ce pénible aveu me mériter ton pardon !

A ce moment la pendule du cabinet du médecin sonna dix heures.

— Dix heures ! — dit vivement Ducormier en se levant, — J'oubliais mon rendez-vous. Il faut que je te quitte, mon ami ; c'est à peine si j'arriverai à temps chez le comte de Morsenne.

— Encore tes princes! — dit le médecin avec appréhension. — Que vas-tu faire là? à quoi bon cette visite? N'es-tu pas disposé à revenir à nous? abandonne donc ces gens-là!

— Impossible, mon ami, de manquer mon rendez-vous avec M. de Morsenne... Je dois lui remettre des lettres très-importantes, il m'attend ce matin.

— Eh! morbleu, qu'il t'attende! Mets tes lettres à la poste.

— Ce n'est pas tout, mon ami : M. de Morval, l'ambassadeur de qui je suis secrétaire, m'a chargé pour le prince d'une mission verbale. Or, tout en quittant M. de Morval, et j'y suis décidé, très-décidé, je ne puis me dispenser de remplir jusqu'au bout les devoirs de ma place.

— C'est juste.

— Mais ne crains rien, mon cher Jérôme, dès aujourd'hui j'écris à M. de Morval que je renonce à mon emploi.

— Ainsi, Anatole, — reprit le médecin d'une voix grave, presque solennelle, — tu me promets, tu me jures sur ta foi d'honnête homme, de suivre ta généreuse résolution, de venir vivre ici, avec nous, en famille? Tu me le jures?

— Mon ami, — reprit à son tour Ducormier d'une voix solennelle, — que je perde à jamais ton estime et ton amitié, que je sois regardé comme le plus lâche, comme le plus ingrat des hommes, si je parjure la promesse que je te fais librement ici, avec une reconnaissance profonde, car il me semble qu'à ta voix tendre et austère je m'éveille d'un mauvais songe. Merci donc à toi, mon ami, mon frère ! — reprit Anatole en se jetant avec effusion dans les bras de Jérôme, — tu m'auras sauvé des périls que tu redoutais pour moi, et de ceux que tu ne soupçonnais pas.

— Eh bien ! maintenant que je ne doute plus de ta résolution, — reprit Jérôme les yeux humides, après avoir répondu à l'étreinte de son ami, — écoute une idée qui m'est venue tout-à-l'heure.

— Explique-toi.

— A mon sens... une femme digne de toi

devrait être à la fois le prix et le complément de ta conversion... en un mot, je voudrais te marier le plus tôt possible.

— Jérôme... tu es fou !

— Je suis très-sage... car je ferais deux heureux. Tu as vu mademoiselle Duval?

— Cette nuit. J'ai pu à peine distinguer ses traits.

— Un ange ! mon ami... dix-huit ans... belle comme une vierge de Raphaël, un cœur d'or, fille d'un colonel d'artillerie ; une dot convenable, et quant à son esprit, à ses talents...

— Une de ses amies, que j'ai souvent vue à Londres, m'a bien des fois parlé de mademoiselle Duval comme d'une personne accomplie ; mais en vérité, ce projet si soudain...

— Ecoute, Anatole, cet ange... peut d'un jour à l'autre perdre sa mère et se trouver ainsi seule au monde ; car sa mère est veuve, quoique la pauvre femme garde le fol espoir d'apprendre un jour que son mari n'est pas mort.

— En effet, l'amie de mademoiselle Duval m'a souvent parlé, à Londres, des doutes que la famille du colonel Duval conserve sur sa mort.

— Espoir insensé, te dis-je. Aussi, dans l'inquiétude que me causait l'avenir de cette pauvre enfant, que j'aime comme ma fille, Héloïse et moi, nous avions d'abord songé à marier mademoiselle Duval.

— A qui donc ?

— A un neveu de feu M. de Blainville.

— Comment! à un grand seigneur! Voyez-vous, monsieur Jérôme, — ajouta Ducormier en souriant, — quel aristocrate vous êtes !

— Ecoute-moi donc! Ce jeune homme est plein de cœur : il a hérité des biens de son oncle, grâce au désintéressement de ma femme. Depuis longtemps il éprouvait pour elle une vénération que la reconnaissance a encore augmentée ; aussi, lorsque Héloïse lui a parlé de mademoiselle Duval en lui vantant ses mérites et sa beauté, il a répondu que si mademoiselle Duval lui plaisait, il serait enchanté de ce mariage et de pouvoir donner ainsi à ma femme une preuve de déférence pour ses désirs.

— Je l'avoue, cette conduite est remplie de délicatesse.

— Je devais ces jours-ci proposer ce parti inespéré à madame Duval, mais sa grave indisposition de l'autre nuit m'en a empêché. Heureusement aucun engagement n'est pris ; d'ailleurs, en y réfléchissant, je craindrais que ce jeune homme eût cédé moins à son inclination qu'au désir de prouver sa gratitude à ma femme ; je préférerais donc mille fois te voir épouser mademoiselle Duval... Juge quelle joie, nos deux ménages n'en faisant qu'un ! Hein ! qu'en dis-tu ?

— Ma foi, mon cher Jérôme,— reprit Anatole après quelques moments de réflexion, — je pense comme toi, les demi-mesures sont toujours insuffisantes, et un heureux mariage, contracté sous tes auspices et sous ceux de ta femme, consoliderait peut-être ma conversion en occupant mon cœur et fixant mon avenir. Mademoiselle Duval m'a paru d'une rare beauté, son amie m'en a dit tout le bien imaginable, la pensée de réunir nos deux ménages me ravit, et si j'avais la chance de plaire à mademoiselle Duval et à sa mère... je...

— Tais-toi, hypocrite, — dit gaiement le docteur Bonaquet en interrompant son ami.
— Tiens, je crois que tu me rendras fou de joie !... Maintenant, sauve-toi, et cours chez ton prince ; je voudrais t'en voir déjà reve-

nu. Tantôt nous reparlerons de nos projets avec Héloïse et toi, puisqu'il est convenu que tu nous restes... que tu loges ici.

— N'est-ce pas ma maison de santé? — répondit Anatole en souriant. — N'es-tu pas mon médecin, mon sauveur?

— Ainsi, — reprit le docteur Bonaquet en se frottant les mains, — je vais tout de suite arrêter les deux chambres; elles sont meublées... ce soir même tu t'y installes.

— En quittant le prince de Morsenne, je cours à mon hôtel, et j'envoie ici mon bagage.

— Et ce soir nous pendons la crémaillère; tu viens dîner avec nous.

— Parbleu ! j'y compte bien.

— Dis donc, Anatole, une idée, une excellente idée...

— Voyons, tu es en train.

— Je vais écrire à ce brave Fauveau; il sera des nôtres ; il amènera sa gentille petite femme. D'après ce que j'ai conté d'elle à Héloïse, elle en raffole ; car rien de plus rare et de plus charmant que le naturel, lorsqu'il s'y joint, comme chez Maria Fauveau, le meilleur cœur et la plus riante vertu.

— Bravo, Jérôme, ton idée est parfaite, la fête sera complète... Nous parlerons du vieux temps. Tiens, de ce jour, de cette heure, je me sens renaître, revivre, je respire... Oui, je me sens meilleur, je m'en aperçois à l'attendrissement croissant que j'éprouve... C'est bête, mais c'est comme ça.

Et une larme vint de nouveau mouiller les yeux d'Anatole Ducormier. Presque honteux de cette vive émotion, il serra la main de son ami et le quitta précipitamment en lui disant :

A tantôt, mon bon Jérôme.

— Oui, oui, tu as beau te sauver, — lui cria le docteur Bonaquet, radieux de joie et d'espérance, — je l'ai vue... cette douce larme que tu veux me cacher. Va, maintenant, je ne crains plus rien... Tu seras heureux, Anatole ! ta conversion est certaine !

Ducormier sortit de chez son ami, monta dans le cabriolet qui l'avait amené, et se fit rapidement conduire à l'hôtel de Morsenne.

IX

IX

Anatole Ducormier arriva bientôt chez M. de Morsenne. Il était alors environ dix heures et demie.

L'ami du docteur Bonaquet, en traversant l'immense cour de l'hôtel, vit arrêtée au bas du perron une berline attelée de deux superbes chevaux gris. L'on n'a pas oublié que la veille madame de Beaupertuis et sa mère (madame de Morsenne) étaient convenues de se rendre ensemble le lendemain matin au sermon de l'abbé Jourdan ; fidèle à sa promesse, la princesse était allée vers les neuf heures et demie éveiller sa fille, et quoique celle-ci fût rentrée assez tard du bal de l'Opéra, elle s'était décidée à accompagner sa mère ; leur voiture les attendait au bas du perron pour cette sortie matinale.

Anatole Ducormier allait monter les degrés, lorsque les portes du vestibule s'ouvrirent, et deux valets de pied descendirent, l'un portant des coussins brodés au chiffre de madame de Beaupertuis et de sa mère, l'autre tenant sous son bras deux grands *livres d'heures* dans leurs fourreaux armoriés.

L'un de ces domestiques ouvrit la portière de la berline et déposa sur les coussins les objets qu'il apportait, tandis que son camarade, s'adressant au gros cocher à perruque blanche qui, enveloppé d'un carrick à vingt collets, se tenait grave et immobile sur son siége, lui dit en riant :

— Eh bien, James, le bal de l'Opéra ne vous empêche pas de vous lever matin pour aller à la messe?

Ducormier, alors au pied du perron, et se trouvant ainsi à quelques pas de la voiture, prêtait l'oreille aux paroles que l'on venait d'adresser au cocher, lorsque l'autre domestique interrompit son camarade en lui disant à demi-voix ces mots, qu'Anatole Ducormier entendit encore :

— Tais-toi donc, Pierre, voilà madame la duchesse.

En effet, madame de Beaupertuis et sa mère sortaient en ce moment du vestibule; la gouvernante de mademoiselle de Morsenne les accompagnait. La princesse, ayant sans doute à donner quelques instructions relatives à sa jeune fille, parla bas pendant quelques minutes à l'institutrice.

Madame de Beaupertuis, attendant que sa mère eût entretenu miss Nancy, resta donc seule au faîte du perron. Malgré la nuit passée au bal, la jeune duchesse était d'une fraîcheur charmante; son teint légèrement coloré par le frais du matin, brillait d'un vif éclat; les légères boucles châtain-clair de sa coiffure à la Sévigné encadraient son beau front à demi caché par la voilette de son chapeau de velours noir ; ses grands yeux bruns, un peu allanguis, sans doute par la fatigue de la nuit, semblaient soulever difficilement leurs longues paupières ; quoiqu'elle fût enveloppée d'un manteau à longue pèlerine d'hermine, comme son manchon, la grâce de ses mouvements laissait deviner l'élégance de sa taille svelte et élevée.

Ce fut ainsi que Diane de Beaupertuis apparut à Ducormier, resté un moment immobile, au bas du perron, à l'aspect de cette ravissante jeune femme.

Anatole, naturellement très-pénétrant, très-observateur, avait d'abord déduit des paroles du valet de pied au cocher, que les maîtres de cette voiture étaient allés la nuit précédente au bal de l'Opéra. Aussitôt, il jeta les yeux sur les panneaux d'une des portières, et y vit un M et un B enlacés, surmontés d'une couronne ducale, absolument le même chiffre que la veille il avait remarqué à l'un des coins du mouchoir de l'élégant domino qui s'était emparé de son bras. Puis enfin, Anatole avait entendu dire à l'autre domestique : *Tais-toi donc, voilà madame la duchesse.* Et ce fut alors que, levant les yeux vers le perron, Ducormier resta saisi d'admiration à la vue de la jeune femme. Ajoutons encore que, le matin même, il avait appris chez son ami le docteur Bonaquet, que la fille du prince de Morsenne, madame la duchesse de Beaupertuis, était l'auteur de ces insolentes contre-lettres de *faire part* relatives au mariage de la marquise de Blainville et de son médecin.

Un esprit aussi sagace que celui de Ducormier ne devait-il pas conclure, de tant de rapprochements significatifs, que le domino de la veille était madame la duchesse de Beaupertuis, l'élégante et charmante femme qu'il voyait en haut du perron?

Ces réflexions rapides comme la pensée, Anatole les faisait en montant lentement les degrés du perron, afin de voir de plus près cette femme qui de loin lui paraissait si belle. Il arrivait aux dernières marches à l'instant où madame de Morsenne finissait d'entretenir la gouvernante de sa plus jeune fille.

Madame de Beaupertuis avait, nous l'avons dit, la vue assez basse; aussi ne reconnut-elle Anatole que lorsque celui-ci se trouva fort près d'elle. Dans sa brusque surprise, la jeune femme tressaillit et devint pourpre. Ducormier remarqua cette émotion, regarda fixement la duchesse, s'inclina respectueusement devant elle et sa mère, puis il passa.

Le tressaillement de madame de Beaupertuis à la vue d'Anatole avait été si vif, que madame de Morsenne lui dit :

— Diane, qu'avez-vous donc ?

— Rien, ma mère... j'ai marché, je crois, sur ma robe, — répondit la duchesse ; et baissant la tête afin de cacher sa rougeur croissante, elle descendit légèrement les degrés du perron.

— Qu'est-ce que c'est donc que ce monsieur qui vient de nous saluer — dit la princesse en suivant sa fille ; — il est d'une beauté ridicule chez un homme. Il va sans doute chez votre père ?

— Je n'en sais rien, ma mère, — répondit Diane ; — je ne le connais pas plus que vous.

Et les deux femmes étant montées en voiture, les chevaux quittèrent rapidement la cour de l'hôtel.

Ducormier s'étant adressé et nommé à l'un des gens de M. de Morsenne, avec lequel il avait, disait-il, rendez-vous le matin même, fut introduit et annoncé dans le cabinet du prince. Celui-ci, vêtu d'une robe de chambre, était assis au coin de son feu et tenait machinalement le *Moniteur*, qu'il ne lisait pas. Son visage pâle, fatigué, et ses yeux légèrement injectés, témoignaient d'une nuit passée dans l'insomnie ; l'expression de ses traits paraissait abattue, morose. Bien qu'il eût entendu annoncer — *Monsieur Anatole Ducormier !* — il ne semblait pas s'apercevoir de la présence du jeune homme, à qui jusqu'alors il avait tourné le dos, peu soucieux de se gêner pour le secrétaire à gages de son ami l'ambassadeur de France en Angleterre. Cependant, M. de Morsenne, s'arrachant non sans un soupir à ses secrètes et amoureuses pensées, car il pensait à Maria Fauveau, jeta son journal sur son bureau, et se retourna lentement dans son fauteuil, pour donner enfin son audience.

Ducormier, debout depuis quelques minutes, ressentant cruellement le dédain de cet accueil, avait attendu en silence que le prince eût daigné s'apercevoir de sa présence. Mais quelle fut la surprise d'Anatole, lorsqu'il vit M. de Morsenne, après l'avoir fixement regardé, se renverser en arrière dans son fauteuil, sans prononcer une parole.

— Quelle étrange rencontre! — se disait M. de Morsenne; — c'est ce même jeune homme qui, cette nuit, au bal de l'Opéra, accompagnait ce démon de Maria Fauveau, dont le souvenir, hélas! ne m'a pas laissé dormir une minute; je le reconnais parfaitement, ce garçon, il était resté auprès d'elle sous le péristyle, pendant que l'imbécille de mari allait chercher les manteaux; il paraît familier avec le ménage Fauveau :

serait-ce un soupirant ou un amant? Cette double brute de Loiseau, qui ne sait rien, ne voit plus rien, n'a pu cette nuit me renseigner là-dessus, car la présence de ce godelureau auprès de *la petite* m'avait inquiété. Encore une fois, c'est une rencontre étrange! Pour moi sera-t-elle funeste?... Voyons cela.

En se livrant à ses réflexions, M. de Morsenne avait repris son sang-froid. Aussi, voulant donner le change à Anatole sur l'impression de surprise qu'il venait de trahir involontairement, il lui dit de l'air du monde le plus naturel :

— Mille pardons, mon cher Monsieur; la lecture de mon journal m'absorbait tellement que je ne vous avais pas entendu annoncer ; aussi ai-je été tout surpris de vous voir là; excusez ma distraction, je vous prie.

Ducormier, peu dupe de ce mensonge, et cherchant pour quel motif sa présence surprenait si vivement M. de Morsenne, s'inclina respectueusement et lui dit :

— Prince, voici une lettre dont l'ambassadeur d'Angleterre m'a fait l'honneur de me charger pour vous.

M. de Morsenne prit la lettre sans inviter Ducormier à s'asseoir, et lut bas ce qui suit :

« Mon cher ami,

« Anatole Ducormier, mon secrétaire par-

« ticulier, vous remettra cette lettre ; ayez
« créance en ce qu'il vous dira et ouvrez-
« vous à lui en toute confiance *sur notre af-*
« *faire* ; c'est un garçon très fin, très intelli-
« gent, peu scrupuleux sur les moyens, ca-
« pable enfin de rendre *toute espèce de ser-*
« *vices* (et d'excellents services) dans une
« affaire comme celle dont il s'agit. Il écrit
« à merveille; son style a du nerf, du mor-
« dant ; sa logique est serrée, vigoureuse,
« et, dans *l'attaque en question*, il peut être
« une arme d'autant plus dangereuse qu'elle
« frappera dans l'ombre. Ce garçon s'est
« incroyablement façonné chez moi ; il y a
« pris, je ne sais comment, les dehors et les
« façons d'un homme de vraiment bonne
« compagnie; c'est quelquefois à s'y mé-
« prendre. S'il avait eu seulement une nais-

« sance tolérable, on aurait pu tirer parti de
« lui dans les postes subalternes de la diplo-
« matie officielle, mais ce garçon est le fils
« d'un pauvre diable de boutiquier, de qui
« la sœur a été longtemps femme de charge
« chez moi. Le Ducormier restera donc une
« sorte de Figaro propre à tout ce qui exige
« de l'astuce, de l'ombre et du secret. Si
« pour mener à bonne fin *la chose que vous*
« *savez* il est besoin d'acheter quelque ré-
« calcitrant, fiez-vous à mon Ducormier :
« c'est le tentateur en personne. Bref, il ne
« reculera devant aucune démarche, même
« des moins avouables, pourvu que l'on
« caresse son incurable et ridicule vanité,
« et qu'on lui laisse entrevoir un sort brillant
« (véritable mirage, pour les sots, bien en-
« tendu). Car c'est le plus singulier mélange

« de bassesse et de fierté, d'orgueil et de
« servilité que je connaisse... Et ça est pour-
« tant entré chez moi timide et ingénu
« comme une rosière. Du reste, le Ducor-
« mier est probe et désintéressé; du moins
« jusqu'à présent il a été ainsi. En tous cas,
« même avec lui, *n'écrivez rien*. Dès que les
« gens de cette extraction ont perdu leur
« première candeur, et prétendent à faire
« les *messieurs*, les *beaux*, il est extrêmement
« prudent de ne se point compromettre
« avec eux et de se réserver le moyen de les
« désavouer au besoin. Je suis donc parfai-
« tement en mesure de renier le Ducormier.
« Prenez les mêmes précautions, cher ami ;
« je vous le recommande instamment, dans
« notre intérêt commun.

« La note ci-jointe se complétera par ce

« que vous dira Ducormier. Renvoyez-le-
« moi à Londres dès que vous n'aurez plus
« besoin de lui à Paris.

« Adieu, mon cher ami, tout et bien à
« vous.
« A. DE M.

« *P. S.* — Comme il faut tout prévoir, je
« n'ai pas mis, et à dessein, cette lettre sous
« enveloppe. Ainsi que vous le remarque-
« rez, la cire est superposée à l'un de nos
« petits cachets métalliques de sûreté, grâce
« auxquels toute violation du secret épisto-
« laire, si adroitement réparée qu'elle soit,
« laisse une trace ineffaçable; il est enten-
« du, du reste, que si, contre mon attente
« (je le crois fidèle), ce Ducormier avait eu
« l'impudence de décacheter cette lettre,

« vous le convaincriez immédiatement de
« son indignité, et le chasseriez de chez
« vous comme un laquais, en me donnant
« avis de l'exécution. »

M. de Morsenne, après avoir lu, resta un moment silencieux, ayant l'air de tourner machinalement cette lettre entre ses doigts, afin de se donner le loisir d'examiner sans affectation si le *cachet de sûreté* était intact ; de quelque dissimulation dont fût entouré cet examen, il ne put échapper à l'œil pénétrant de Ducormier ; une bouffée de rougeur et d'indignation lui monta au visage, en voyant de quel ignoble abus de confiance on le soupçonnait ; un sourire amer effleura ses lèvres, puis il redevint impassible et attentif.

Le cachet de sûreté prouvant que la lettre venait d'être seulement ouverte pour la première fois, M. de Morsenne se dit :

— D'après ce que je sais maintenant de ce drôle, sa venue est peut-être providentielle ; ce ne sera jamais là pour moi un rival dangereux auprès de la petite Fauveau.

Et après une nouvelle réflexion, le prince ajouta mentalement :

— Non, ce ne sera pas là un rival, ce sera peut-être même... tout le contraire.

Et M. de Morsenne, passant à un autre ordre d'idées, lut attentivement une longue note dont la lettre de son ami l'ambassadeur était accompagnée.

De temps à autres, et quelle que fût la gravité des intérêts dont il s'occupait, la physionomie pensive du prince trahissait des distractions involontaires ; plusieurs fois, en poursuivant sa lecture, il jeta un regard oblique sur Ducormier. Celui-ci, s'apercevant de ce manège et désirant le dérouter, se retourna comme pour considérer avec une apparente curiosité un très beau tableau de *sainteté* dont était orné le cabinet.

M. de Morsenne acheva dès lors sans nouvelle distraction la lecture de sa note diplomatique.

X

X

Après avoir lu la note qui accompagnait la lettre que lui avait remise Ducormier, M. le prince de Morsenne, plaçant ses papiers sur son bureau, jeta un regard attentif et pénétrant sur le jeune homme, et lui dit d'une voix affable :

— Eh bien mon cher monsieur Ducormier, parlons affaires.

— Je suis à vos ordres, prince.

— Vous savez de quoi il s'agit?

— Prince, — répondit Ducormier avec finesse et en hésitant, — dois-je le savoir.

— Oui, oui, vous pouvez parler avec une entière sécurité.

— J'oserai pourtant vous prier, prince, de me mettre tout à fait en confiance, en daignant m'adresser quelques questions au sujet de cette affaire.

— Monsieur Ducormier est très prudent?

— C'est mon devoir, prince... car j'ai l'honneur d'être chargé auprès de vous d'une mission fort délicate.

— Allons, monsieur Ducormier, — reprit M. de Morsenne d'un ton insinuant et flatteur, — je vois que vous êtes un diplomate consommé, plein de tact et de réserve. Eh bien donc, soit ; puisque vous préférez être interrogé, je vais vous interroger. L'on vous a remis des notes relatives à la question anglaise?

— Oui, prince... et à l'aide de ces notes et des pièces dont elles sont accompagnées, j'ai préparé un travail complet, dans le sens qui m'a été indiqué.

— Nous verrons ce travail. Vous êtes en mesure de le faire publier dans le *National* sans que l'on puisse connaître la source de ces écrits ; vous êtes aussi en mesure de soutenir vigoureusement, et toujours *inco-*

gnito, la polémique qui s'engagera nécessairement à ce sujet avec les journaux officiels, organes du cabinet.

— Les faits en question sont d'une telle importance, ils ont un tel caractère d'authenticité, qu'il me suffira, prince, d'envoyer simplement par la poste, et sans me nommer, mon travail au *National*, pour qu'il s'empresse de faire usage de ces documents si dangereux pour le ministre. Une fois la polémique engagée à leur sujet, le *National* recevra de son collaborateur inconnu des réponses catégoriques aux objections des journaux ministériels.

— Je sais, mon cher monsieur Ducormier, que vous êtes un écrivain du premier ordre, et qu'avec votre esprit, votre discrétion et vos excellentes manières, vous pouvez aller fort loin, oh ! mais fort loin !

— Prince.

— Je vous dis cela entre parenthèses, cher monsieur Ducormier. Revenons à notre affaire. Le premier article du *National* amènera évidemment de la part de l'opposition des interpellations à la tribune.

— Et il en résultera, prince; que M. le ministre des affaires étrangères, se trouvant dans un embarras extrême, opposera néanmoins aux faits allégués la dénégation *la plus nette, la plus explicite, la plus catégorique.*

— En vérité, — reprit le prince en souriant, — je crois l'entendre, ce cher ministre.

— Puis, — poursuivit Anatole, — M. le ministre, selon son procédé oratoire habituel, engagera solennellement sa parole qu'il dit vrai, et que ses adversaires mentent effrontément.

— Alors, monsieur Ducormier, nouvel article communiqué au *National*, accompagné cette fois de pièces d'une irrécusable authenticité.

— Stupeur de M. le ministre des affaires étrangères en présence de ce démenti à lui donné, démenti corroboré de la publication d'une pièce *officielle signée de sa main.* Alors, prince, fidèle à son système lorsqu'il est pris en flagrant délit de mensonge, M. le ministre ne se déferre point, hausse les épaules de pitié, dit qu'il reconnaît bien là les niais commérages d'une opposition tracassière aux abois ; puis, se drapant dans son austère et superbe dédain, il déclare avec majesté qu'il est des accusations si *ridicules*, si *odieuses*, si *impudentes*, que l'on ne s'abaisse pas à les relever, encore moins à les combattre, lorsque l'on a l'honneur d'être ministre du roi.

— Parfait ! parfait ! cher monsieur Ducormier, — dit le prince en riant de nouveau, le portrait est tracé de main de maître, c'est vivant ! Mais enfin, malgré les dénégations et l'audace de M. le ministre, le coup a porté à mort, le hautain personnage ne peut résister au *tolle* général qui s'élève contre lui dans la presse ; il est obligé de donner sa démission.

— Double bonheur pour les intérêts diplomatiques du pays, prince, car M. l'Ambassadeur de France en Angleterre conserve le poste que le ministre en question songeait à lui enlever ; puis, — ajouta Ducormier avec un accent significatif, — l'on voit enfin à la tête des affaires étrangères de la France un homme d'Etat à la fois illustre par son génie politique et par sa grande naissance.

— M. Ducormier est beaucoup trop indulgent pour l'homme d'Etat auquel il veut bien, je crois, faire allusion, — reprit de Morsenne, avec un sourire discret et coquet ; — le seul mérite de cet homme d'Etat serait d'aimer assez la gloire et la dignité de la France pour accepter le ministère des affaires étrangères, s'il devenait vacant ; alors, à défaut de génie, il mettrait du moins, aux pieds du roi, l'offre d'un dévouement inaltérable à sa personne et à sa politique.

— J'oserai prince, ne pas partager complètement votre avis au sujet de l'homme d'Etat auquel je viens, en effet, d'avoir l'honneur de faire allusion ; en parlant de son génie politique, le jugement que j'ai porté n'est pas le mien : dans ma condition, prince, l'on admire et l'on se tait ; mais je suis malgré moi l'écho de la France, je pourrais même dire de l'Europe, car mon séjour à Londres m'a mis à même, dans mon humble sphère, d'entendre souvent apprécier, par différents diplomates des cours étrangères, le célèbre homme d'Etat dont j'ai l'honneur de parler ici, prince.

— Vraiment ! Eh bien ! voyons, qu'en dit-on de cet homme d'Etat, cher monsieur Ducormier?

— Prince, si on ne l'aimait pas tant, on le haïrait beaucoup.

— Le haïr! et pourquoi?

— Mais, prince, parce qu'il est très redoutable par la vigueur, par l'habileté de sa diplomatie; cependant, d'un autre côté, ajoutent ceux qui ont eu l'honneur d'avoir quelques relations avec cet illustre homme d'Etat, il cache son immense et incontestable supériorité sous une si exquise courtoisie, il triomphe de ses adversaires avec tant de bonne grâce, qu'il séduit même ceux qu'il a vaincus.

— Il est impossible d'être plus effrontément et plus habilement adulateur que ce polisson-là, — pensa M. de Morsenne. — C'est un drôle à tout faire. Je ne m'étais pas trompé. Il pourra me servir; cependant, *tâtons-le* encore.

Et M. de Morsenne reprit tout haut :

— Vous êtes tellement aveuglé sur l'homme d'Etat dont nous parlons, cher monsieur Ducormier, que je n'essaierai pas de vous faire revenir de vos préventions beaucoup trop flatteuses ; car enfin, voyons, examinons l'affaire dont il s'agit.

— Eh bien, prince ?

— Eh bien, établissons brutalement les choses : notre homme d'Etat et son ami, M. l'ambassadeur de France en Angleterre, ne vous semblent-ils pas tenir dans cette petite conspiration anti-ministérielle une conduite assez... assez machiavélique?

— La raison d'Etat couvre tout, prince, et d'ailleurs, en affaires publiques et privées, l'insuccès seul est blâmable et blâmé.

— Ces principes sont élastiques...

— Oui, prince, comme la conscience humaine.

— Ainsi, la vôtre est... suffisamment large, cher monsieur Ducormier?

— Suffisamment, prince, puisque je me suis chargé de l'affaire qui m'amène ici, et dont tout l'odieux retomberait sur moi, car je serais désavoué et accusé d'abus de confiance pour soustraction de dépêches; mais, ainsi que dit le proverbe vulgaire : *Qui ne risque rien, n'a rien.*

— Cher monsieur Ducormier, encore une fois, vous irez loin, très-loin ; j'en sais qui, n'ayant pas vos avantages naturels, et partis de plus bas que vous, sont arrivés avec du secret et du dévoûment; le tout est de rencontrer un protecteur puissant, et vous n'en manquerez jamais, (ceci soit dit aussi entre parenthèses). Quant à notre affaire, j'ai besoin de réfléchir aujourd'hui et demain sur l'opportunité du moment où il faudra engager l'action ; et encore quelquefois je me demande... à quoi bon reprendre une part active aux affaires? c'est un si grand assujettissement! A mon âge, on a tant besoin de repos, d'indépendance, mon pauvre monsieur Ducormier!

— Prince, vous ne vous appartenez pas, vous vous devez au pays.

— Oui, c'est singulier comme il vous est reconnaissant, le pays! comme il vous tient compte des sacrifices que l'on fait pour lui!

— Prince, il faut le traiter comme un enfant ingrat et rebelle, faire son bien malgré lui, et dédaigner ses puériles clameurs.

— Ah! cher monsieur, le repos, l'indépendance, rien ne remplace ces biens-là; aussi, je ne sais, mais depuis quelques jours j'hésite, en ce qui me touche du moins, à profiter des bénéfices probables de notre complot, qui suivra toujours son cours, car je hais cordialement le ministre en question, et je tiens à ce que Morval reste à l'ambassade de

Londres ; mais quant à moi, j'hésite à rentrer aux affaires. Enfin je ne décide rien, je vous reverrai, vous viendrez dîner ici après demain. Non, j'y songe, ne venez pas après-demain, j'ai du monde, mais demain, je n'aurai personne; c'est le jour de réception de madame de Morsenne. N'écrivez pas à Londres avant de m'avoir revu. Peut-être votre séjour à Paris sera-t-il prolongé. M. de Morval m'autorise à vous garder ici autant que je le jugerai nécessaire. J'userai de la permission et vous n'en serez pas fâché, j'imagine, cher monsieur Ducormier ; car nous voici justement dans la saison des plaisirs, des spectacles, des fêtes, du bal de l'Opéra, et je parie que vous ne manquez pas le bal de l'Opéra, hein ? cher monsieur Ducormier ?

Quoique cette question : *Je parie que vous ne manquez pas le bal de l'Opéra ?* fût faite par le prince de l'air le plus naturel du monde, et fût amenée par une transition parfaitement ménagée, Anatole, pressentant cependant que ce n'était pas une question banale, amenée par hasard, redoubla d'attention et répondit :

— En effet, prince, je suis allé cette nuit au bal de l'Opéra.

— C'est donc cela ! — reprit M. de Morsenne en paraissant rappeler ses souvenirs : — je ne me trompais pas.

— Comment, prince ?

— Votre figure ne m'était pas tout-à-fait inconnue.

— Prince, je ne croyais pas avoir encore eu l'honneur de vous rencontrer.

— Voici le fait, cher monsieur Ducormier; rien de plus simple : cette nuit, un *whist* m'avait retenu assez tard au club de la rue de Grammont; voyant la file des voitures qui se rendaient au bal de l'Opéra, j'ai eu l'idée d'y entrer; un ressouvenir de jeunesse, comme vous voyez. J'y suis resté quelques minutes, et pendant que j'attendais mes gens, je crois vous avoir vu sous le péristyle, accompagnant une fort jolie femme, ma foi! ce qui me prouve, cher monsieur Ducormier, que vous ne perdez pas votre temps au bal de l'Opéra, et que vous ne vous en allez pas comme on dit, les mains vides.

— Où veut-il en venir? — pensa Ducormier. — Je croyais d'abord qu'il s'agissait peut-être de ma rencontre avec sa fille la duchesse de Beaupertuis. — Et il reprit tout haut :

— Vous me faites, prince, beaucoup plus d'honneur que je n'en mérite... J'accompagnais momentanément la femme d'un de mes amis d'enfance, pendant qu'il était allé au vestiaire chercher son manteau.

— Comment ! une femme mariée déguisée ! déguisée... en je ne sais trop quoi ; mais enfin, il m'a paru assez leste, quoique fort joli, son costume !

— Il est vrai, prince, qu'un tel déguisement n'est pas de très-bon goût, mais mon ami et sa femme appartiennent au petit commerce, ils songent plus aux plaisirs qu'aux convenances.

— Et vous êtes fort lié avec le mari?

— Intimement lié, prince, et notre longue séparation n'a en rien altéré cette amitié.

— Pardon de mon erreur, cher monsieur Ducormier; entre nous je vous avais cru... en bonne fortune.

— Vous étiez, prince, dans une erreur complète, — répondit Anatole; puis attachant un regard pénétrant sur M. de Morsenne, qui depuis quelques instants, malgré son assurance, trahissait un léger embarras, Ducormier reprit :

— Que voulez-vous, prince! à défaut de

vins exquis dont un pauvre diable comme moi ne doit jamais goûter, j'aime mieux boire de l'eau que de gros vin commun.

— C'est bien là cet imbécille orgueil dont Morval me parle dans sa lettre ; ce drôle-là se trouve trop haut placé probablement pour s'abaisser jusqu'à une petite marchande ! — pensa M. de Morsenne. — Allons, j'ai un poids de moins sur le cœur, je puis résolument aborder l'autre question.

Les traits du prince avaient trahi sa vive et secrète satisfaction à cette pensée : que Ducormier n'était ni le soupirant ni l'amant de Maria Fauveau. Cette émotion n'échappa pas à Anatole.

— J'y songe, — pensa-t-il. — Cette nuit, ce domino noir, obstinément attaché aux pas de madame Fauveau, et dont elle et Joseph se moquaient si fort... Est-ce que ce serait?... Mais oui... plus de doute!... Quel trait de lumière!... C'était le prince!... Où veut-il en venir?

M. de Morsenne reprit tout haut :

— Je vous approuve fort, mon cher monsieur, un goût difficile et délicat est toujours le symptôme d'une grande distinction de manières ; mais dites-moi, d'anciens amis comme vous et ce petit marchand, vous avez sans doute été ravis de vous retrouver? Et puis, pour ces bonnes gens, vous devez être un très-gros seigneur, cher monsieur Ducormier ; votre parole doit être pour eux, comme on dit, *parole d'Evangile.*

— En effet, prince, mon ami a une grande confiance en moi, car c'est le cœur le plus loyal et le plus ingénu que je connaisse.

— *Ingénu!...* c'est le mot poli, n'est-ce pas, mon cher monsieur?

— Que voulez-vous, prince, souvent l'amitié vous aveugle.

— Entre nous, le petit boutiquier est un brave homme à mener par le nez, n'est-ce pas? Et sa femme? elle doit vous écouter comme un oracle, vous qui avez approché le grand monde? Aussi, tenez, — ajouta le prince en jetant à son tour un regard perçant sur Anatole et accentuant lentement, et d'un ton significatif, les paroles suivantes, — tenez, je suis sûr que si vous vous mettiez dans la tête de persuader à cette charmante bourgeoise (car moi, moins difficile que vous, je la trouve... délicieuse... adorable), si vous vouliez, dis-je, vous donner la peine de lui persuader... de lui persuader... que vous dirai-je? qu'il est du bel air de mettre sa robe à l'envers, et que les grandes dames n'en font jamais d'autres, je gage que vous finiriez par la convaincre... par lui faire faire, en un mot, grâces à vos conseils, tout ce que l'on voudrait?

A ces paroles, dont il comprit le sens honteux et caché, les lèvres d'Anatole blanchirent légèrement, signe chez lui de rage et de haine contenues mais arrivées à leur paroxisme ; du reste, sauf un imperceptible tressaillement des mâchoires, un moment convulsivement serrées, ses traits restèrent impassibles, et il n'interrompit pas le père de la duchesse de Beaupertuis.

M. de Morsenne continua donc en accentuant de plus en plus ses paroles :

— Vous possédez, il paraît, cher monsieur Ducormier, et je le crois, un art prodigieux pour triompher des consciences les plus rebelles, des scrupules les plus enracinés, des préjugés les plus bourgeois, des vertus les plus revêches, car Morval m'écrit dans sa lettre que, lorsqu'il le faut, vous êtes le tentateur en personne. Or, cher monsieur Ducormier, si vous êtes le tentateur, la dé cieuse petite madame Fauveau est une fille d'Eve ; me comprenez-vous ?

— Prince — répondit Anatole d'une voix

imperceptiblement altérée ; — je ne sais si....

— Un dernier mot, mon cher monsieur, — reprit M. de Morsenne, en interrompant Anatole ; — vous êtes à la fois, un homme sérieux et un homme positif. Or, de deux choses l'une : ou nous nous entendons parfaitement à demi-mot, ou nous ne nous entendons point du tout ; dans ce dernier cas, vous n'attacherez aucun sens aux paroles suivantes : écoutez-les bien.

— Je vous écoute, prince.

— Voulez-vous assurer un protecteur puissant, qui, soutenu par un immense crédit, s'engagerait, à un moment donné (ce moment, il dépend de vous de le hâter ou de le reculer), s'engagerait, dis-je, à vous élever plus haut que vous n'avez jamais rêvé d'atteindre ! Voyons, est-ce clair ?

— Très clair, prince.

— Ainsi... vous me comprenez ?

— Parfaitement, prince.

— En un mot, vous comprenez par quel moyen vous pourriez acquérir cette toute-puissante protection ?

— Oui, prince, nous nous entendons à merveille, mais il y aurait une condition indispensable à la réussite de *la tentation*.

— Quelle condition ?

— Il me faudrait auprès de vous, prince, une position pour ainsi dire officielle; cette position donnerait, non seulement plus d'autorité à mes paroles, mais me permettrait surtout de parler incessamment de vous à madame Fauveau, de vanter votre générosité, votre puissance, et cela sans affectation ! et comme la chose la plus naturelle du monde ; car, je ne vous le cache pas, prince, il me faudrait procéder auprès de cette jeune femme avec une prudence, une réserve excessive, et encore je...

— Parfait ! — s'écria M. de Morsenne en interrompant Anatole, — votre idée est excellente, elle prouve un tact admirable, cher monsieur Ducormier ; dès demain, je vous installe ici comme mon secrétaire ; je me débarrasserai de l'autre en le plaçant dans une administration quelconque. Morval m'autorise à vous garder ici tant que j'aurai besoin de vous; je vous garde et me charge de tout auprès de lui ; vous logerez donc ici et mangerez à ma table. Est-ce entendu ?

— C'est entendu, prince.

— Maintenant, cher monsieur Ducormier, vous avez votre avenir entre les mains; vous pouvez être sous-préfet dans trois mois, dans deux mois, dans un mois ; cela dépend de vous ; ensuite (je vous en donne ma parole de galant homme), je vous fais nommer préfet dans deux ans ; et plus tard nous verrons... car vous ne savez pas comme je pousse ceux qui me servent.

La porte du cabinet du prince s'ouvrit en ce moment.

Madame de Morsenne, sa fille, madame la duchesse de Beaupertuis, revenant du sermon, entrèrent familièrement sans s'être fait annoncer.

A la vue de Ducormier qui, après avoir salué profondément les deux femmes, se dirigeait discrètement vers la porte, Diane de Beaupertuis rougit involontairement ; mais quelle fut sa stupeur en entendant son père rappeler Anatole et lui dire :

— Un moment, monsieur, un moment ; je désire vous présenter à ma femme et à ma fille.

Anatole s'arrêta et se retourna.

Le prince le montrant alors du regard aux deux femmes, leur dit en manière de présentation :

— M. Ducormier... mon nouveau secrétaire.

Anatole salua de nouveau et plus respectueusement encore madame de Morsenne et sa fille, tandis que le prince lui disait :

— A demain matin, monsieur Ducormier : votre appartement sera préparé.

Le jeune homme s'inclina, sortit et quitta l'hôtel de Morsenne.

XI

XI

L'on n'a pas oublié qu'Anatole Ducormier, cédant aux sages conseils de son ami le docteur Bonaquet, lui avait formellement promis de venir habiter désormais auprès de lui, et que le soir même, pour fêter cet heureux rapprochement, un dîné de famille donné par le médecin à Joseph Fauveau devait réunir les trois amis d'enfance.

Il était environ six heures du soir.

Jérôme Bonaquet, assis dans un modeste salon, pendant que sa femme terminait sa toilette, attendait ses convives.

Les seuls ornements de ce salon se composaient de la harpe et du piano d'Héloïse, ainsi que de plusieurs grands portraits de famille, parmi lesquels figuraient ceux du père et du grand-père de la jeune femme; le premier portait le riche mais théâtral costume des pairs de France de la Restauration, avec le cordon bleu en sautoir et la plaque d'argent de cet ordre ; le second portait l'uniforme d'officier général de la marine du siècle de Louis XVI, avec le grand-cordon de Saint-Louis.

En pendant se trouvaient les portraits de la mère et de la grand'mère de madame Bonaquet, l'une en costume de la cour impériale avec le manteau traînant et brodé (le père d'Héloïse, comme tant d'autres gens de la vieille noblesse s'était rallié à Napoléon); l'autre vêtue en grande dame de la fin du dix-huitième siècle, avec de la poudre, des mouches et d'immenses paniers ; un petit nègre, vêtu d'une jaquette écarlate galonnée d'or, portait la queue de la robe de cette imposante personne, tandis qu'un bichon blanc, au toupet relevé et relié par des faveurs roses, semblait aboyer au négrillon.

Au milieu de ces deux portraits d'apparence et de tournures aristocratiques, on voyait, touchant contraste, une toile assez mal peinte, mais qui devait être d'une ressemblance frappante. Elle représentait la vieille mère de Jérôme Bonaquet, femme d'une figure douce et vénérable, portant le bonnet rond et le casaquin de droguet des paysannes du Blaisois ; au-dessous de ce cadre, et renfermée sous le verre d'une petite bordure noire, on remarquait une esquisse au crayon touchée avec un talent magistral.

Voici l'histoire de cette esquisse :

Jérôme Bonaquet, étudiant en médecine à Paris, avait appris presque en même temps la maladie et la mort de son père, pauvre vigneron des environs de Blois. Jérôme avait prié un de ses amis, depuis sculpteur célèbre, de l'accompagner, afin de conserver du moins la ressemblance suprême des traits de son père ; ce projet fut religieusement exécuté après la mort du vieillard, et telle avait été la sérénité de sa fin, que, dans ce portrait, il semblait doucement sommeiller. Un fil noir fixait à ce dessin une mèche de longs cheveux blancs, et au-dessous on lisait cette date mortuaire, 20 *octobre 1835*.

Sauf ces portraits, qui imprimaient à l'aspect de ce salon un caractère particulier, rien de plus simple que son ameublement, égayé çà et là par quelques vases de porcelaine de Chine, placés sur les meubles et renfermant de beaux camélias pleins de fraîcheur et d'éclat ; car madame Bonaquet, ainsi que son mari, aimait passionnément les fleurs ; enfin, un bon feu pétillant dans la cheminée, un épais tapis, des rideaux bien clos, la vive et gaie clarté de deux lampes à globe dépolis, rendaient cette modeste demeure si parfaitement confortable dans sa simplicité, que l'on n'était guère tenté de regretter pour l'ex-marquise de Blainville le magnifique hôtel et les cinquante mille écus de rente qu'elle avait noblement abandonnés lors de son mariage avec l'homme de son choix.

Jérôme Bonaquet, d'abord seul, fut bientôt rejoint par sa femme, qui, en entrant, lui dit gaiement :

— M. Ducormier sera établi à merveille dans ces deux petites pièces de là-haut ; mon ami, je viens de tout faire mettre en ordre, et d'ajouter à l'ameublement un excellent fauteuil, où M. Ducormier pourra réfléchir et méditer à son aise sur son retour aux bonnes idées, car il faut de tout point faciliter sa conversion ; mais sérieusement, mon ami, j'espère que votre compagnon d'enfance se plaira dans cet appartement ; on y jouit d'un calme parfait, la vue est charmante et très-étendue ; enfin, s'il manque quelque chose aux habitudes de M. Ducormier, vous m'en informerez, et nous ferons pour le mieux, afin qu'il se plaise auprès de nous.

— Combien vous êtes bonne, chère Héloise, de prendre tant de soin pour Anatole !

— N'est-il pas votre ami ? ne s'agit-il pas de l'enlever à une vie mauvaise ? de calmer, de guérir cette âme cruellement blessée ?

blessée, un peu par sa faute, peut-être, mais il souffre, et toute douleur mérite indulgence et compassion.

— Grâce à Dieu, il aura effleuré l'abîme sans y tomber, mais il était temps, grand temps, je vous jure, de lui ouvrir les yeux.

— Tout mon désir est que cette soudaine conversion parte d'un sentiment réfléchi, raisonné, plutôt que d'un entraînement momentané, causé par votre excellente influence, mon ami.

— Je ne suis pas assez optimiste, ma chère Héloïse, pour croire qu'Anatole n'éprouvera pas quelques défaillances dans sa bonne résolution ; l'on ne rompt pas brusquement, et sans une violente secousse morale, avec un passé tel que le sien ; aussi ai-je, avant tout, voulu le garder près de nous, le faire pour ainsi dire changer d'air, veiller sur lui comme sur un enfant malade, car l'on doit à l'humanité de conserver pure et belle une nature aussi généreusement douée que celle d'Anatole ; heureusement, chose essentielle pour qui le connaît comme moi, il m'a juré sa parole d'honnête homme qu'il viendrait s'établir ici. Or, tout est là. Une fois entre nos griffes, — ajouta Jérôme en souriant, — je le mets au défi de ne pas revenir à la raison, c'est-à-dire au bonheur, et si le mariage en question réussit, comme je n'en doute pas, Anatole sera tout à fait sauvé.

— A propos, mon ami, — dit Héloïse en

interrompant son mari, — et madame Duval ! comment va-t-elle aujourd'hui ?

— Un peu mieux ce soir, mais elle m'inquiète toujours. C'est dire, ma chère Héloïse, le double intérêt que nous aurions à ce mariage. Ce serait assurer à la fois l'avenir d'Anatole et celui de cet ange. Aussi je compte demain, si l'état de madame Duval s'améliore, lui faire ma proposition au sujet de notre ami.

— Ne trouveriez-vous pas convenable d'attendre un peu ?

— Pourquoi cela ?

— Je partage sans doute vos espérances à

l'égard de M. Ducormier; je partagerai tous vos efforts pour les faire réussir, mais enfin, mon ami, mieux que personne vous connaissez les singulières variations de l'esprit humain. Ne serait-il pas prudent d'avoir du moins quelques garanties certaines de la part de M. Ducormier avant d'engager pour ainsi dire l'avenir de mademoiselle Duval?

— Peut-être bien, — répondit le médecin d'un air pensif, — et pourtant tout me dit que la détermination d'Anatole est sincère. Si vous aviez vu son émotion, ses larmes! Et puis enfin, j'ai sa parole, et il n'est pas homme à la donner légèrement, quels qu'aient été ses égarements; d'un autre côté, je serais désolé d'agir imprudemment dans une circonstance si grave.

— Vous sentez, mon ami, que je ne vous dis pas cela pour soutenir mon *prétendant* aux dépens du vôtre, — ajouta madame Bonaquet en souriant, — car je pense comme vous que M. Ducormier, redevenant digne de l'affection des gens de biens, serait pour mademoiselle Duval un parti, je dirais presque plus *rationnel* que mon parent, M. de Saint-Géran, quoiqu'il puisse apporter à mademoiselle Duval les grands biens dont j'ai été très-heureuse de lui abandonner l'héritage.

— Je pense comme vous, ma chère Héloïse, au sujet de nos deux prétendants; car tout en reconnaissant, d'après sa conduite et ses antécédents, M. de Saint-Géran pour un parfait galant homme... je crains parfois que l'excès même de sa délicatesse... et de sa reconnaissance envers vous, ne l'ait fait s'avancer peut-être plus qu'il ne l'eût voulu... lorsque vous lui avez proposé d'épouser mademoiselle Duval... Il la trouve, il est vrai, admirablement belle, et en parle en homme très-épris ; car, sans être remarqué d'elle, il s'est, d'après mes instructions, deux ou trois fois rendu au Jardin des Plantes à l'heure où elle accompagnait sa mère pour sa promenade de chaque jour. Certes, je crois encore que M. de Saint-Géran accomplirait scrupuleusement ses devoirs d'honnête homme s'il épousait cette charmante enfant, et pourtant j'aurais toujours peur que, tôt ou tard, il n'éprouvât quelque regret d'avoir contracté cette union ; regret délicatement caché par lui sans doute... mais que l'exquise sensibilité de mademoiselle Duval devinerait peut-être un jour... et alors pour elle... jugez quel avenir !

— Ce serait désolant, mon ami, et puis enfin M. de Saint-Géran, quoique jeune encore, et doué des meilleures qualités, ne plairait peut-être pas à mademoiselle Duval, car il est loin, je l'avoue, de réunir les avantages extérieurs de M. Ducormier, et si nous pouvions avoir des garanties sérieuses de son complet retour au bien, je dirais comme vous, il n'y a pas à hésiter à le proposer à la mère de cette chère enfant.

— Eh ! mon Dieu oui, ma chère Héloïse, et sans les alarmes que me cause l'état de santé de madame Duval, je ne serais pas si pressé de prendre une décision. Et puis encore, l'idée, le désir de ce mariage une fois bien arrêtés dans l'esprit d'Anatole, son cœur est occupé, il a un but, une ligne tracée, il sait où il va, et nos communs efforts tendant au même but, nous avons cent chances pour une de le sauver radicalement.

— Il est vrai.

— Si madame Duval éprouvait un peu de mieux, je serais donc d'avis de l'instruire au plus tôt de nos projets ; elle a toute influence sur sa fille, et nul doute qu'elle la déciderait à accepter nos offres, si elles lui agréaient ; le plus grand chagrin de cette malheureuse femme serait de laisser après elle sa fille seule et sans appui : aussi, ne peut-elle renoncer à l'espoir, hélas! bien chimérique, d'apprendre un jour que son mari le colonel Duval n'est pas mort. comme on le croit, et que plus tard sa fille trouvera en lui un soutien.

— Pauvre femme!... Et cet espoir est malheureusement insensé, n'est-ce pas, mon ami?

— Jusqu'ici toutes les recherches pour retrouver les traces du colonel ont été vaines, personne ne peut plus douter qu'il n'ait péri sous les décombres du blockaus qu'il a fait sauter; l'important serait donc de tâcher d'assurer l'avenir de Clémence Duval, du vivant de sa mère. Ah! si nos projets réussissaient, ma chère Héloïse, quelle enviable trinité nous ferions, Anatole Joseph et moi!

quelle joie pour trois amis d'enfance de se suivre dans le bonheur comme ils se sont suivis dans la vie!...

— Ce que vous m'avez appris de madame Fauveau et de son mari me rend vraiment curieuse de les connaître, mon ami. Je n'oublierai jamais que vous me disiez qu'alors que vous ressentiez quelque tristesse, quelque découragement à travers les rudes épreuves, les doutes amers dont votre première jeunesse a été assaillie, vous alliez chez ces excellents amis, et que l'aspect de leur amour si tendre, de leur félicité si vraie, si riante, vous faisait un bien infini, et que vous sortiez de chez eux presque consolé.

— Oui, ma chère Héloïse, j'ai dû bien des

doux moments à ces excellents cœurs. Ce n'est pas tout : j'étais pauvre ; au sortir du collége, une vocation irrésistible m'entraînait vers les sciences naturelles; c'est à peine si, malgré son bon vouloir, mon digne et bon père pouvait suffire au quart des dépenses nécessitées pour mes nouvelles études, malgré les dures privations que je m'imposais. Joseph Fauveau possédait un petit patrimoine ; il vint à mon aide pendant plusieurs années, et fut pour moi le frère le plus tendre, le plus dévoué. Grâce à son secours et au peu que m'envoyait mon pauvre père, je possédai les moyens et les instruments de travail qui font, hélas ! si souvent défaut à tant de vaillantes intelligences, arrêtées dans leur essor par la misère ; enfin, après de nombreux soucis, des luttes cruelles, ma carrière s'aplanit, s'agrandit, je pus me libérer matériellement envers Joseph Fauveau, mais moralement je ne pourrai jamais m'acquitter envers lui, car je lui dois tout ce que je suis.

— Et moi, mon ami, ne lui dois-je pas tout aussi à cette ami dévoué? S'il ne vous avait pas aidé à devenir un homme célèbre, vous aurais-je jamais rencontré? Qu'ils soient donc ici lui et sa femme accueillis avec bonheur; ce que vous m'avez dit d'elle me charme : c'est quelque chose de si rare, de si charmant, que le naturel!

— Seulement, — reprit Jérôme en souriant, — je vous en ai prévenue, ma chère Héloïse, mon ami et sa femme sont, comme les appellent les grands personnages, *de petites gens*, sans manières, sans savoir-vivre et sans *savoir-dire* ; mais ils ont la plus rare des éducations, celle qui nait d'une vie laborieuse et honnête.

— Ah ! mon ami, vous m'avez fait comprendre le sens adorable de ces deux mots latins, souvent cités par vous : *Sancta simplicitas!* — SAINTE SIMPLICITÉ ! Est-il en effet quelque chose de plus saint, de plus céleste que la simplicité, c'est-à-dire la sincère et libre expansion de tous les bons sentiments naturels, l'heureuse ignorance de ce qu'il est *convenable* ou *inconvenant* de dire, lorsque la vérité vous vient aux lèvres. *La simplicité!* c'est-à-dire l'insouciance de toute réserve dans l'expression de ce qui est honnête et généreux! l'aversion instinctive de tout ce qui est factice ou de pure convention, le courage d'être heureux tout haut, sans gêne, et de ne rien sacrifier à la vanité! Oh! la simplicité, *le bon sens des bons cœurs!* plus que personne je dois l'apprécier! Hélas! j'ai si longtemps vécu dans un monde où les meilleurs esprits, les meilleures natures s'étiolent, languissent ou se perdent fréquemment sous la desséchante influence du *convenable*, du *convenu!* Ah! que de trésors de toutes sortes j'ai vus ainsi gaspillés, anéantis! Combien j'ai vu de grands seigneurs tomber dans la gêne, et de la gêne dans la bassesse ou la vanité... parce qu'il était *convenable* de tenir son rang, de faire *une certaine figure*, dût-on, par de folles ostentations, ruiner soi et sa famille! Combien j'ai vu de jeunes gens admirablement doués, tomber, d'une vie oisive et stérile, dans d'odieuses dépravations parce qu'il n'était *pas convenable* qu'un homme de vieille race eût une profession, *un état!* Combien j'ai vu de jeunes femmes, naïvement passionnée pour leur mari, souffrir cruellement d'abord, et se venger ensuite... de la froideur conjugale qui accueillait leur tendresse ingénue, parce qu'il n'était *pas convenable* qu'un mari fût ou parût amoureux de sa femme, *comme un bourgeois!* Combien je connais de mes pareilles, — ajouta Héloïse avec une émotion touchante, en tendant avec effusion sa main charmante à Jérôme, — oh! combien j'en connais qui eussent manqué le bonheur de leur vie entière... parce qu'il est souverainement *inconvenant...* de s'honorer à ses

propres yeux, en se dévouant à l'existence
de l'homme que l'on aime, que l'on révère
le plus au monde...

— Chère et vaillante Héloïse ! — répondit
Jérôme, dont les yeux se mouillèrent de larmes, — trésor de bonté, de grâce et de vertu ! tiens... les paroles me manquent... ne me dis plus rien, mon cœur déborde... laisse-moi pleurer et te regarder.

Il est impossible de peindre l'adoration extatique où Jérôme semblait plongé en cotemplant sa femme. On l'eût dit transfiguré par les rayonnements intérieurs de son âme ; la mâle rudesse de ses traits disparaissait sous une expression tellement ineffable, qu'Héloïse ne put s'empêcher de dire en serrant tendrement les mains de Jérôme entre les siennes et en le contemplant à son tour avec un délicieux recueillement :

— Un homme heureux.... comme c'est beau !

La sonnette de la porte extérieure s'étant fait entendre jusque dans le salon, la jeune femme, se remettant de son émotion, dit à son mari :

— Mon ami, voilà sans doute M. Ducormier, ou M. Fauveau et sa femme.

FIN DU DEUXIÈME VOLUME.

Imp. de E. Dépée, à Sceaux (Seine)

OEUVRES NOUVELLES

DE

ALPHONSE DE LAMARTINE.

Format grand in-8, cavalier, à 5 francs le volume.

NOUVELLES CONFIDENCES,

Un volume.

GENEVIÈVE,

Un volume.

TOUSSAINT LOUVERTURE,

Un volume.

Imprimerie Dondey-Dupré, rue Saint-Louis, 46, au Marais.

www.ingramcontent.com/pod-product-compliance
Lightning Source LLC
Chambersburg PA
CBHW060652170426
43199CB00012B/1763